아동영양학

ı 머리말 ı

영유아기는 신체의 성장과 뇌의 발달에 의한 인지능력이 급속히 발달하면서 식품에 대한 감각과 식습관이 형성되는 중요한 시기이다. 따라서 영양이 풍부한 음식을 균형 있게 제공하고 건강한 식습관을 형성하게 하는 것이 영유아기 성장단계에 필수적 과제이며, 이 시기의 영양관리는 평생의 건강을 좌우할 수 있다.

아동영양학은 영유아기 영양의 기본 원리를 이해하고 영유아기 발달특성에 맞는 영양공급을 위한 이론과 실무 지식을 습득함으로써 가정 및 보육기관, 유아교육기관, 학교에서 영유아를 대상으로 영양을 지도할 수 있는 방법을 학습하는 데 그 목적이 있다. 특히 2014년 3월부터 보육교사 2급 교과목이 12과목에서 17과목으로 증가하면서 전공필수 과목과 선택 과목이 증가하게 됨에 따라 건강 · 영양 및 안전의 영역에서 아동영양학의 중요성이 더욱 커지고 있다

본 교재는 영유아의 영양과 건강을 증진하는 데 필요한 지식을 제공하는 가장 기본이 되는 학과목으로 총 11장으로 구성되어 있다. 1장에서는 영유아기 건강한 식생활을 위해 알아야 할 기본지식과 관련 기준을 제시하였고, 2장에서는 영유아기 발달의 이해를 돕기 위한 이론과 지식을 실었으며, 3장 · 4장 · 5장에서는 영유아와 관련된 영양과 영양소에 대한 이해를 돕기 위해 각 영양소의 기능과 급원식품, 관련 질병 등에 대하여 기술하였다. 6장에서는 영유아의 성장과 발달을 체크하기 위한 영양평가에 대한 기초 지식과 방법 등을 기술하였고, 7장에서는 앞서 기술한 내용들을 바탕으로 영유아에게 어떻게 접목하고 영양관리를 어떻게 할 것인지에 대하여 기술하였다. 8장과 9장에서는 영유아기 식생활관리와 영양교육의 방향을 제시하고 어떤 방법으로 교육을 할 것인지에 대한 이론 지식을 기술하였다. 10장과 11장에서는 현장 실무를 담당하는 집필진이 급식현장에서 이루어지는 단계별 급식관리의 목적과 방향, 꼭 준수해야 할 사항을 기술하였으며, 영유아 급식시설의 식중독 및 안전사고 예방을 위한 위생

관리방법 등을 예시와 함께 꼼꼼히 제시하였다.

본서는 영유아기의 올바른 식생활 및 영양관리를 통해 건강증진과 질병예방에 기여할 수 있도록 이론적인 바탕에 기초하였을 뿐만 아니라, 실제적으로 현장에서 어린이집을 지도 · 계도하고 있는 실무진이 참여하여 영유아 건강지도법과 같은 현장실무에서 직접 응용할 수 있는 내용으로 구성되어 있다. 이 책이 영유아의 건강한 식생활을 위하여 널리 이용될 수 있기를 바라며, 그동안 출간되기까지 여러모로 많은 도움을 준 파워북 편집자께 감사드린다.

| 차 례 |

CHAPTER 01 | 영유아기 건강한 식생활

CHAPTER 02 | 아동발달과 영양

CHAPTER 07 | 영유아기 영양관리

CHAPTER 08 | 영유아기 식생활관리

CHAPTER 09 | 유아기 식생활 지도 및 영양교육

Chapter 1

영유아기 건강한 식생활

1. 영유아기 영양의 중요성
2. 건강한 식생활의 3대 원칙
3. 유아기 에너지 및 열량영양소의 섭취기준
4. 영유아를 위한 식생활지침
5. 식품영양표시제도

Chapter 1

Chapter 1

영유아기 건강한 식생활

1. 영유아기 영양의 중요성

1) 영유아기의 중요성

건강한 신체는 튼튼한 신체와 건강의 3대 요소인 식사, 수면, 운동에서의 꾸준한 노력이 병행될 때 유지될 수 있다. 기초가 부실한 건강은 아무리 노력을 해도 보충하는 데 한계가 있다.

- 인간발달의 기초가 이루어지는 영유아기의 올바른 식생활은 다른 생애주기보다 특히 중요하므로 건강한 발달을 위해 균형 잡힌 영양을 섭취할 수 있도록 해야 한다.
- 양호한 영양상태는 신체 각 기관의 성장과 발달을 도와주고 정상적인 출산, 성장과 유지, 적절한 활동, 질병에 대한 면역력, 부상으로부터의 치유능력을 가질 수 있도록 해준다(유태종, 1994).
- 영유아 영양은 성인 영양과 독립되어 다루어져야 하며, 영유아기는 체중 1kg당 필요한 영양소가 성인에 비해 많으므로 영유아에 적합한 영양소 필요량을 잘 파악하고 제공해야 한다.

2) 제1차 신체급등기

태아기에서 유아기까지의 기간은 인간발달 영역의 기초가 이루어지는 중요한 시기이다. 특히 태내기 산모의 건강과 영양상태는 태아가 건강한 인간으로 살아가기 위해 기본적으로 갖춰야 할 신체발달이 이루어지는 데 결정적인 영향을 미친다.

- 생후 12개월까지의 영아기는 태어났을 때 체중의 3배, 신장의 1.5배가 되는 제1차 신체급등기로서, 이 시기의 영양상태에 따라 영아의 신체발달은 큰 차이를 보이게 된다.
- 유아기는 영아기에 비해 완만한 신체발달이 이루어지나 인간의 전 생애를 볼 때 여전히 급속한 발달이 이루어지는 시기로, 유아기 영양 또한 신체발달에 영향을 미치는 결정적인 요인이 된다.

3) 식습관 형성기

유아기는 올바른 식습관과 식행동이 형성되는 시기로, 식습관과 식행동이 올바로 형성되었을 때 건강한 신체를 기대할 수 있다.

- 2세경에는 신체적 · 정서적 발달로 인하여 식습관의 변화가 나타나 지금까지 잘 먹던 음식을 거부하거나 식탁에 앉기를 거부하는 등, 이전에 보이지 않는 행동을 하게 된다.
- 2세 이후 신체 변화에 따라 몸무게보다 신장의 성장속도가 빨라지고 몸 안에 지방이 감소하면서 식욕이 줄어들 수 있다. 이때 제공했던 음식을 무조건 다 먹기를 강요하면 잘 먹던 음식도 거부하게 된다(유명희, 2001). 따라서 유아의 개인차를 고려하여 적절한 칼로리와 영양을 제공하면서 유아가 호기심을 가질 수 있도록 음식의 재료나 모양을 다양하게 제공해야 한다.
- 유아기에는 새로운 음식에 대해 경계심과 거부감을 나타낼 수 있다. 유아가 익숙해질 때까지 적응시간이 필요하므로 새로운 음식을 접할 수 있는 다양한 기회를 제공하되, 유아의 자율성을 존중하면서 즐겁고 맛있는 식사 체험이 되도록 유도한다.

4) 사회기관 경험의 시작기

맞벌이 부부의 증가와 함께 일찍부터 어린이집이나 유치원에 가는 영유아의 비율이 증가하고 있다. 따라서 영유아는 어린 나이에 단체생활에 잘 적응하기 위한 기초체력이 요구된다.

- 질병에 대한 저항력이 약한 영유아는 자신이 건강하지 않으면 단체생활에서 전염병에 노출되는 기회가 많아 쉽게 감염될 수 있다.
- 영유아가 단체생활을 잘하기 위해서는 양보하고 인내하는 노력이 요구되는데, 이것이 스트레스가 될 수 있다. 특히 체력이 약한 영유아에게는 질병으로 나타날 수도 있다.

5) 단체급식의 시작기

여성의 사회 진출이 증가하면서 어린이집이나 유치원의 연장반 및 종일반에 다니는 영유아가 증가하는 추세이다. 2011년 기준 48,000여 개소의 190만여 명이 급식을 이용하고 있는 실정이다.

- 영유아의 단체급식 적응을 위해 지금까지의 식습관이 중요하다. 부모는 유아교육기관에 자녀를 보내기 전 아이가 급식시간에 또래 친구들과 교사에게 피해를 주지 않고 잘 적응할 수 있도록 좋은 식습관을 길러 주어야 한다.
- 유아는 나이가 어릴수록 부모가 어떻게 식생활 지도를 해왔느냐가 유아가 급식생활에 적응하는 데 중요한 역할을 한다. 유아가 단체급식에 잘 적응하는 것은 유아 자신의 발달뿐 아니라, 또래 친구와 단체생활 적응에도 영향을 미친다. 급식시간에 잘 먹는 아이가 신체적으로 튼튼하며, 교사와 친구관계에도 적응을 잘하고 인기도 많다.

2. 건강한 식생활의 3대 원칙

건강한 식생활의 기본 원칙은 다양한 식품을 적당한 양으로 섭취하여 영양의 균형을 맞추는 것이다. 한 가지 식품의 섭취로 모든 영양소의 필요량을 충족시킬 수 없으므로 다양한 식품의 섭취를 통해 서로 부족한 영양소를 보완하는 것이 중요하다.

1) 균형 잡힌 식사 하기

같은 식품군에 속한 식품일지라도 그 종류에 따라 영양소 함량에 차이가 있을 수 있으므로, 일상 식생활에서 같은 식품군 내에 있는 여러 식품을 바꾸어 가며 골고루 섭취해야 한다. 균형 잡힌 식사란 매끼 식사에 모든 영양소가 골고루 포함되어 있는 식사를 말한다.

(1) 6가지 기초식품군

- 영양소의 조성이 비슷한 식품들을 함께 묶어 6가지 기초식품군(곡류, 고기·생선·계란·콩류, 채소류, 과일류, 우유·유제품류, 유지·당류)으로 분류하였다 표 1-1.
- 곡류, 유지·당류는 열량식품으로 신체를 움직이는 힘과 체온의 생성·유지에 관여한다. 고기·생선·계란·콩류, 우유·유제품류는 신체를 구성하는 식품으로 근육, 혈액, 뼈, 모발, 피부, 장기 등 몸의 조직을 만드는 데 필요하다. 채소류와 과일류는 조절식품으로서 몸의 생리기능 조절과 질병 예방에 도움을 준다.

(2) 식품구성자전거

- 식품구성자전거 모형은 일반인에게 균형식의 의미를 알리기 위해 우리가 주로 먹고 있는 식품의 종류와 영양소 함유량이 비슷한 것끼리 묶은 6가지 식품군을 권장식사패턴의 섭취횟수와 분량에 따라 자전거 바퀴면적으로 구분하여 배분한 형태이다 그림 1-1.

표 1-1 | 6가지 기초식품군의 분류

<table>
<tr><th>식품군</th><th>영양소</th><th>품목</th><th>식품명(예)</th><th>음식명(예)</th></tr>
<tr><td rowspan="3">곡류</td><td rowspan="3">탄수화물</td><td>곡류</td><td>쌀, 보리쌀, 찹쌀, 현미</td><td>쌀밥, 보리밥,
현미밥, 잡곡밥</td></tr>
<tr><td>면류</td><td>면</td><td>칼국수, 우동, 냉면, 스파게티</td></tr>
<tr><td>감자류</td><td>감자, 고구마</td><td>감자채볶음, 찐 고구마</td></tr>
<tr><td rowspan="4">고기 ·
생선 ·
계란 ·
콩류</td><td rowspan="4">단백질</td><td>육류</td><td>쇠고기, 돼지고기, 닭고기</td><td>버섯불고기, 제육떡볶음
닭간장조림</td></tr>
<tr><td>어패류</td><td>갈치, 삼치, 고등어, 오징어, 새우</td><td>갈치구이, 고등어무조림,
오징어볶음</td></tr>
<tr><td>난류</td><td>계란, 메추리알</td><td>계란말이, 메추리알장조림</td></tr>
<tr><td>콩류</td><td>검정콩, 대두, 두부</td><td>두부조림, 콩자반</td></tr>
<tr><td rowspan="3">채소류</td><td rowspan="3">무기질 및
비타민</td><td>채소류</td><td>시금치, 고추, 깻잎, 부추, 배추,
호박, 오이, 콩나물, 양파, 당근</td><td>시금치나물, 배추된장무침
콩나물무침, 호박볶음</td></tr>
<tr><td>해조류</td><td>다시마, 미역, 파래, 김</td><td>건파래무침, 김구이</td></tr>
<tr><td>버섯류</td><td>느타리, 양송이, 팽이, 표고</td><td>느타리양파볶음, 버섯전</td></tr>
<tr><td>과일류</td><td>무기질 및
비타민</td><td>과일류</td><td>사과, 귤, 바나나, 배, 딸기</td><td>제철과일, 과일샐러드</td></tr>
<tr><td rowspan="2">우유
·
유제품류</td><td rowspan="2">칼슘</td><td>우유</td><td>우유</td><td>우유</td></tr>
<tr><td>유제품</td><td>치즈, 요구르트(호상),
요구르트(액상)</td><td>치즈, 요구르트(호상),
요구르트(액상)</td></tr>
<tr><td rowspan="2">유지
·
당류</td><td>지질</td><td>유지류</td><td>버터, 마요네즈, 참기름</td><td></td></tr>
<tr><td>탄수화물</td><td>당류</td><td>꿀, 설탕, 시럽</td><td></td></tr>
</table>

출처 : 한국인 영양섭취기준. 한국영양학회, 2010

- 식품구성자전거는 기존의 균형 잡힌 식사를 위해 제시했던 기존의 식품구성탑보다 다양한 식품 섭취와 수분 섭취의 중요성, 적절한 운동개념 도입을 통한 비만 예방이라는 메시지를 전달하고 있다. 가장 많이 섭취해야 하는 곡류의 바퀴 면적이 가장 넓으며, 각 식품군이 차지하는 면적은 권장식사패턴의 분량을 의미한다.

그림 1-1 ▸▸▸ 식품구성자전거

출처 : 한국인 영양섭취기준. 한국영양학회, 2010

■ 영양소의 역할

식품구성자전거를 구성하고 있는 6가지 식품군의 역할은 다음과 같다 그림 1-2.

그림 1-2 ▸▸▸ 식품구성자전거의 6가지 식품군

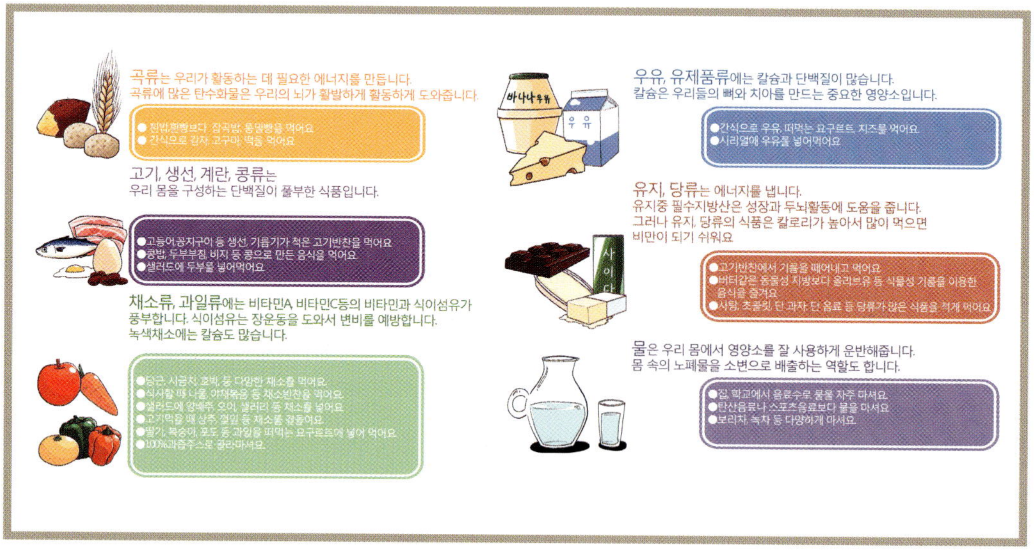

출처 : 영양 · 식생활실천가이드 '똑똑하게 먹고 건강하게 자라자' 대한영양사협회

2) 다양한 종류의 식품 섭취하기

한 가지 식품으로 모든 영양소의 필요량을 충족할 수 없으므로 다양한 식품의 섭취를 통해 필요한 영양소를 골고루 공급함으로써 상호보완 효과를 얻을 수 있다.

다양한 식사의 색과 영양균형

여러 식품을 골고루 이용하면 식단의 색이 다양해진다. 다양한 색의 채소와 과일은 비타민과 무기질 함량이 풍부하며, 생리활성물질인 피토케미컬phytochemical을 많이 함유하고 있다. 피토케미컬은 식품의 맛과 색, 향기를 주고 체내 항산화작용 및 면역기능 강화, 질병예방 등을 하는 생리활성물질로서 암을 포함한 여러 만성질환을 예방하는 데 도움을 준다.

3) 적당량 섭취하기

식품 섭취를 적당한 양만큼 조절하면 모든 영양소를 너무 많거나 적지 않게 필요한 양만큼 골고루 섭취할 수 있게 된다. 음식을 적당량 섭취하기 위한 가이드로 한국인 영양섭취기준과 식사구성안을 참고하는 것이 좋다.

(1) 한국인 영양섭취기준Dietary Reference Intakes for Koreans

한국인의 영양섭취기준은 평균필요량Estimated Average Requirement; EAR, 권장섭취량Recommended Nutrient Intake; RNI, 충분섭취량Adequate Intake; AI, 상한섭취량Tolerable Upper Intake Level; UL의 4가지로 구성되어 있다 그림 1-3.

- 영양섭취기준은 개인차를 충분히 고려한 수치이므로 자신이 섭취한 분량이 적다고 하여 반드시 영양부족을 의미하는 것이 아니다.
- 평균필요량 이하 또는 권장섭취량의 75% 정도를 섭취하지 못할 경우에는 결핍 가능성이 증가하므로 식생활의 변화가 필요하다.

■ 만성질환과 영양소 과다섭취 예방까지 고려하여 상한섭취량을 제시했다.
■ 개인보다는 집단의 평가에 적합하다.

그림 1-3 ▸▸▸ 한국인 영양섭취기준

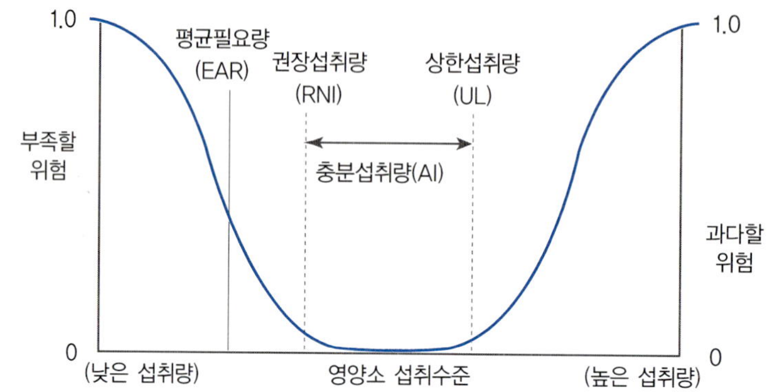

- 평균필요량 Esimated Average Requirement; EAR : 건강한 사람들의 절반에 해당하는 사람의 일일 필요량을 충족시키는 영양소 섭취수준
- 권장섭취량 Recommended Nutrient Intake; RNI : 대다수 사람의 필요 영양섭취량을 말하는 것으로 평균필요량의 2배의 표준편차를 더해서 계산된 수치
- 충분섭취량 Adequate Intake; AI : 영양소 필요량에 대한 정확한 자료가 부족한 경우 건강한 사람들에서 부족할 확률이 낮은 영양소 섭취량으로 나타냄.
- 상한섭취량 Tolerable Upper Intake Level; UL : 인체 건강에 유해 영향이 나타나지 않는 최대 영양소 섭취수준

출처 : 한국인 영양섭취기준, 한국영양학회, 2010

(2) 식사구성안

식사구성안은 건강한 일반인들이 영양섭취기준을 만족하면서 쉽고 올바르게 실천할 수 있도록, 어떤 식품을 얼마만큼 어떻게 먹어야 하는지에 대한 식사계획의 지침을 제안한 것이다.

■ 1일 식사구성을 할 때 권장식사패턴을 이용하는 것이 좋다. 권장식사패턴은 이런 정도의 식사구성을 하면 영양섭취기준을 만족할 수 있다는 것을 의미한다.
■ 유아를 위한 권장식사패턴은 유제품의 1일 권장섭취빈도를 2회로 제시하는 A 타입으로 1~2세 1,000kcal, 3~5세 1,400kcal로 나누어져 있다 표 1-2.

표 1-2 | 유아를 위한 권장식사패턴(식품군별 1일 권장섭취 횟수)

식사패턴(kcal)		1~2세	3~5세
		1,000kcal	1,400kcal
패턴 A (우유 · 유제품 2회) (소아 · 청소년)	곡류		2
	고기 · 생선 · 계란 · 콩류		3
	채소류		5
	과일류		1
	우유 · 유제품류		2
	유지 · 당류		2
적용 연령 평균에너지 필요량		1,000kcal	1,400kcal

출처 : 한국인 영양섭취기준. 한국영양학회, 2010

3. 유아기 에너지 및 열량영양소의 섭취기준

한국영양학회는 다음과 같은 기준으로 영유아기 에너지필요량과 권장식사패턴 표 1-3, 열량영양소의 적정 비율 표 1-4 을 제시하고 있다.

표 1-3 | 유아기 연령별 체위 기준치, 에너지필요량, 권장식사패턴

구성	연령(세)	신장(cm)	체중(kg)	에너지필요량* (kcal/일)	권장식사패턴
유아기	1~2세	86.1	12.2	1,000	1,000 타입
	3~5세	107.0	17.2	1,400	1,400 A타입

*필요추정량

표 1-4 | 탄수화물, 지방, 단백질의 적정 비율

영양소	연령	
	1~2세	3~5세
탄수화물(%)	55~70	55~70
지방(%)	20~35	15~30
단백질(%)	7~20	7~20

출처 : 한국인 영양섭취기준. 한국영양학회, 2010

4. 영유아를 위한 식생활지침

보건복지부는 국민의 바람직한 식생활 습관 구축과 당면한 건강 및 영양문제를 최소화하기 위해 2003년 2월 국민의 질병양상과 식생활 특성에 맞는 '한국인을 위한 식생활 목표'와 생리적 특성과 생활습관을 고려하여 생애주기별로 구체적 식생활 행동 실천사항인 '한국인을 위한 식생활지침'을 발표하였다.

- 2009년 12월 올바른 식생활과 건강생활 실천을 위한 '한국인을 위한 식생활지침'을 개정 · 발표하였고, 개정된 식생활지침은 영양 부족 또는 과잉 등의 영양불균형과 신체활동 감소로 발생하는 비만 · 저체중과 같은 건강위험을 줄이기 위해 생애주기별로 스스로 건강을 보호하고, 건강관리를 실천할 수 있도록 '임신 및 수유부 · 영유아 · 어린이 · 청소년 · 성인 · 노인' 대상 6종의 실천지침을 발표하였다.
- 영유아를 위한 식생활지침의 목적은 모유수유율 증대, 이유식의 올바른 시행, 바람직한 성인식 유도에 있다. 영유아를 위한 식생활지침은 그림 1-4와 같다.

5. 식품영양표시제도

식품의 수입과 수출이 증가하고 있는 시점에서 우리나라의 수입식품 관리와 국제적인 교역증대를 위해서 식품 및 영양표시 제도는 필요하다.

1) 식품표시제도

식품표시제도Food labeling는 식품의 생산자와 판매자에게 가격 · 품질 · 성능 · 효력 · 제조일자 · 유효기간 · 사용방법 · 영양가치 등에 관한 각종 식품정보를 제품의 포장이나 용기에 문자 · 숫자도형을 사용하여 표기하도록 하는 제도이다.

그림 1-4 ▸▸▸ 영유아를 위한 식생활지침

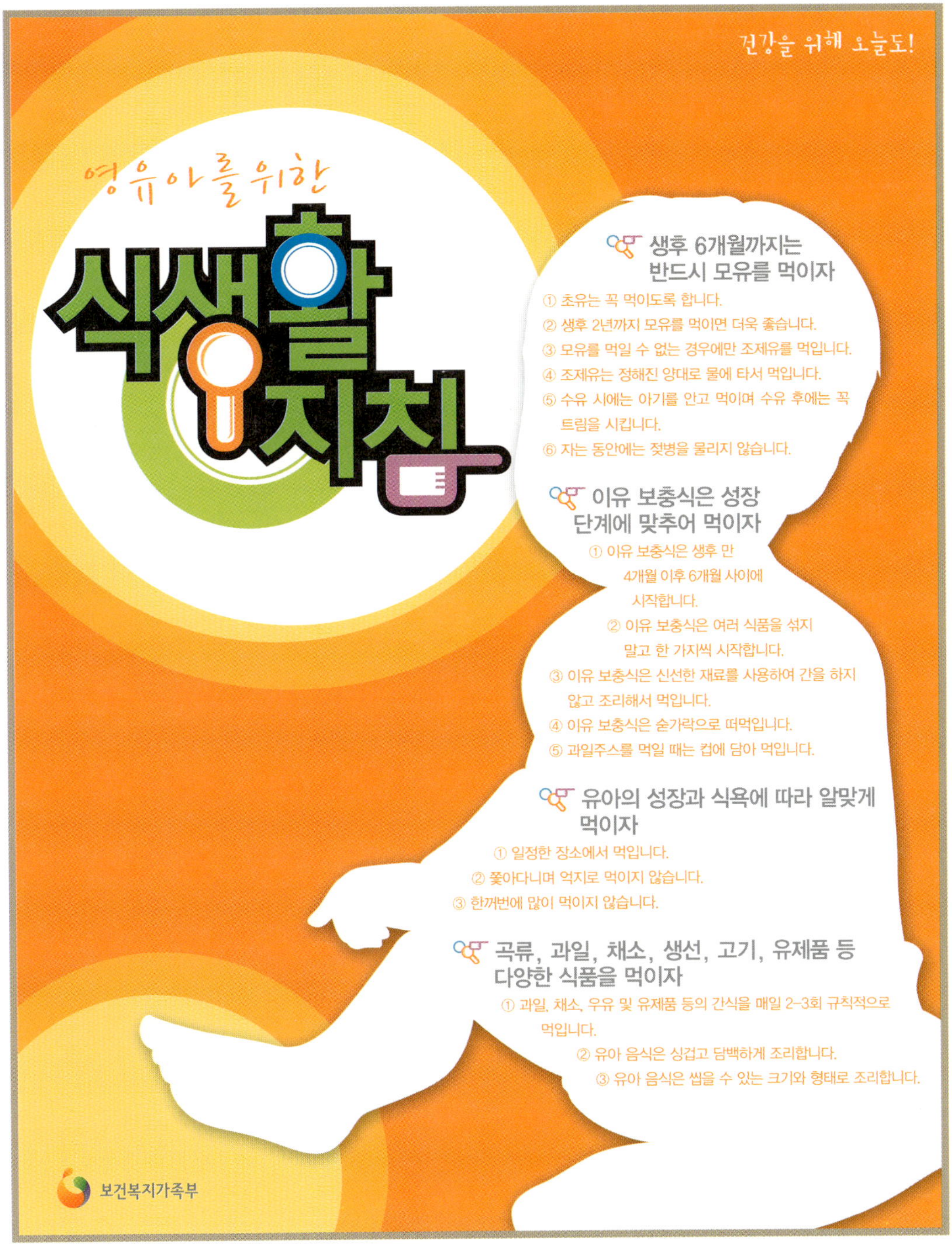

출처 : 영유아를 위한 식생활지침. 보건복지부, 2009

2) 영양표시제도

영양표시제도Nutrition labelling는 식품표시 항목 중 하나로 식품에 어떤 영양소가 얼마나 들어 있는지 식품포장 및 용기에 표시하는 것을 말하며, 제품이 가지고 있는 '영양성분과 함량'에 대한 정확한 정보를 전달하고 소비자들이 식품의 영양적 가치를 근거로 자신의 건강에 적합한 제품을 선택하도록 돕기 위한 제도이다. 우리나라

소비자가 오인하기 쉬운 영양표시

비

'비유지방' '비동물성 지방' '콜레스테롤 무함유'

식물성 지방은 들어 있을 수 있습니다.
식물성 지방도 1g당 9kcal의 열량을 냅니다.

저

'저지방'

열량이 없다는 것이 아닙니다.
'저지방' 식품도 많이 먹으면 열량 섭취가 높아집니다.

무

'무설탕' '무색소'

과당, 솔비톨, 자일리톨 등 감미료를 사용할 수 있습니다.
나트륨(고혈압을 일으킬수 있는 성분)이 들어 있을 수 있습니다.

0

'0칼로리'

열량이 5kcal 미만이면 표시 가능합니다.

- 식품 겉면에 표시되어 있는 영양성분 표시의 기준량(100g당, 100mL당, 1회 분량 등)이 무엇으로 산출되었는지 확인한다.
- 식품위생법에는 고시되어 있지 않으나 제조업자가 적어 놓은 개별 안내 표시를 잘 따른다.
- 도시락 또는 김밥의 경우 유통기한뿐 아니라 제조시간도 확인한다.
- 나트륨 함량이 적혀 있을 경우 나트륨 함량에 2.54를 곱하면 소금 함량이 된다.
- '무설탕' 이라고 표기되어 있어도 설탕 이외의 감미료(과당, 올리고당, 인공감미료 등)를 써서 열량이 높을 수 있다.
- '무염분' 이라고 표기되어 있어도 간장 등을 사용해서 짤 수 있다.

출처 : 시민과 함께하는 식품안전 생활실천 캠페인 '알수록 건강해져요'. 서울특별시 복지건강본부 식품안전과, 2012

는 1995년 1월 영양표시제도가 처음으로 실시되었다.

영양표시제도의 장점은 다음과 같다.

- 소비자 자신의 건강에 적합한 제품을 선택할 수 있도록 도와준다.
- 생산자가 자사 제품이 가진 영양적 특성을 알릴 수 있도록 해준다.
- 국가 차원에서는 의료비용에 대한 부담을 줄일 수 있다.

(1) 영양표시 확인방법

식품 포장 및 용기에 표기되어 있는 영양표시를 확인하는 방법은 그림 1-5와 같다.

그림 1-5 ▸▸▸ 영양표시제도 확인방법

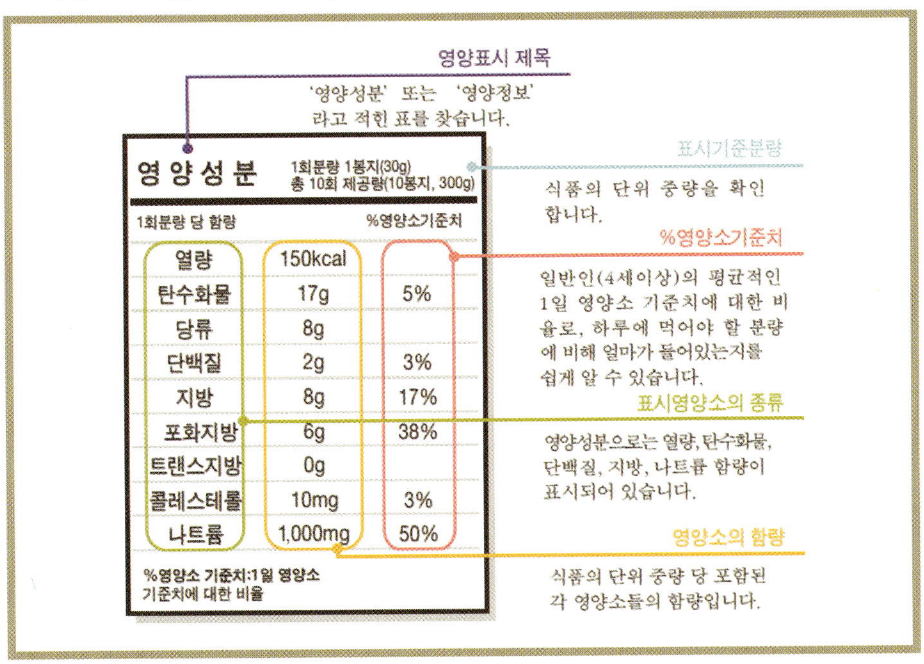

출처 : 시민과 함께하는 식품안전 생활실천 캠페인 '알수록 건강해져요'. 서울시 복지건강본부 식품안전과, 2012

(2) 1회 제공량과 총 제공량 확인

몇 회 제공량을 섭취하느냐에 따라 영양 섭취량이 달라지므로 영양표시를 읽을 때 1회 제공량과 총 제공량을 반드시 확인해야 한다 그림 1-6.

그림 1-6 ▸▸▸ 1회 제공량과 총 제공량 확인

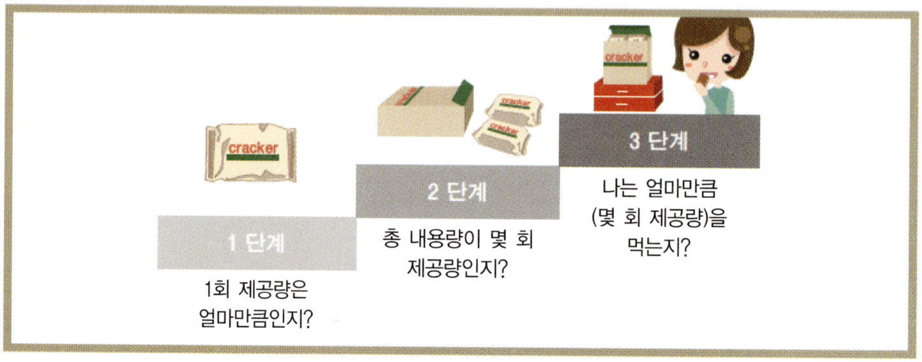

출처 : 시민과 함께하는 식품안전 생활실천 캠페인 '알수록 건강해져요'. 서울시 복지건강본부 식품안전과, 2012

Chapter
2

아동발달과 영양

Chapter 2

Chapter 2

아동발달과 영양

1. 아동발달의 개요

1) 발달의 개념

발달development이란 삶이 시작되는 순간, 난자와 정자가 수정되는 순간부터 전 생애 동안 일어나는 양적 · 질적인 변화과정이라 할 수 있다. 아동의 발달과정에서 양적인 변화는 신장, 체중 등의 변화와 같이 크기 또는 양에서의 변화를 말하며, 질적인 변화는 지능의 본질이나 심리작용에서의 변화와 같은 본질, 구조 또는 조직상의 변화를 말한다.

발달과 유사한 개념으로 성장growth, 성숙maturation, 학습learning이 있다. 이 세 가지는 변화를 내포하고 있지만 발달과는 차이가 있다(김나영 외, 2009; 정옥분, 2010)

- 성장은 신체의 크기나 능력이 증가하는 것으로 주로 양적인 변화를 말한다.
- 성숙은 뇌기능 분화나 사춘기의 이차 성징 출현과 같이 개체가 환경의 영향보다는 유전적 소질에 의해서 변화하는 생물학적 과정이다.
- 학습은 외국어 습득과 같은 직접 또는 간접 경험의 산물로서 훈련이나 연습에 기인하는 발달적 변화를 의미한다.

인간의 발달은 성장, 성숙, 학습의 세 과정이 공존할 때 비로소 이루어지므로 발달이란 일생을 통하여 성장, 성숙, 학습에 의해 이루어지는 변화과정이다(정옥분, 2010).

(1) 발달의 원리

- 복합적이다 : 발달은 통합적이고 복합적으로 된다.
- 양적 및 질적이다 : 발달은 양적으로 증가하는 것뿐 아니라 기관의 기능 발달과 같은 질적인 변화가 있다.
- 연속적이다 : 발달은 규칙적이며 순서가 있다.
- 방향성이 있다 : 발달은 규칙적인 방향이 있다. 머리에서부터 하지 쪽으로, 몸통에서 사지 쪽으로 발달한다.
- 발달 속도에 차이가 있다 : 발달의 순서는 정해져 있으나 그 속도는 차이가 있다.
- 개인차가 있다 : 개인적인 요인에 따라 개별적인 성장률을 가지고 있다.

그림 2-1 ▸▸▸ 장기별 발달패턴

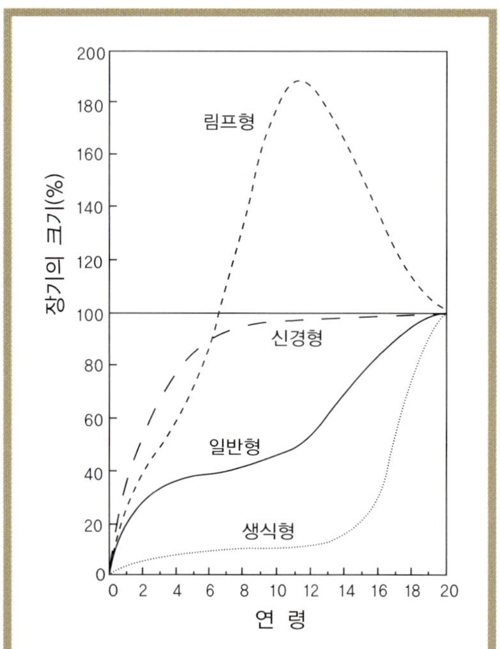

(2) 발달 패턴

① 발달의 네 시기

- 출생~24개월 : 제1 발육 급진기
- 24개월~사춘기(11~12세) : 서서히 성장하는 시기
- 사춘기~15·16세 : 제2 발육 급진기
- 15·16세~성숙기: 성장의 속도가 감소하는 시기

② 장기별 발달 패턴

장기를 각각 일반형, 신경형, 림프형, 생식형으로 구분하여, 그 발달 패턴을 보면 그림 2-1 과 같다.

- 일반형 : S자형 패턴을 나타내며 영아기와 사춘기에 급성장을 보인다. 신장, 체중, 호흡기 등이 이에 속한다.
- 신경형 : 뇌, 척수 등이 속하며, 출생 초기 급성장해 4세경에 거의 성인 수준의 80%에 도달한다.
- 림프형 : 가슴샘, 림프절, 편도 등이 속하며, 대체로 10~12세경에 성인의 2배가 되었다가 점점 퇴축하여 18세경에 성인 수준이 된다.
- 생식형 : 사춘기부터 급속하게 발달되며 생식기, 젖샘, 자궁 등이 속한다.

2) 아동발달의 기본 원리

아동에 따라 또는 문화와 환경에 따라 차이가 있기는 하지만 발달에는 공통적인 기본원리가 존재하며, 대부분의 아동은 다음과 같은 원리에 따라 발달한다(성영혜 외 1999; 정옥분, 2010).

① 발달에는 일정한 순서가 있으나 발달속도는 일정하지 않다.

아동발달은 두-미방향cephalo-caudal direction, 중심부-말초방향proximo-distal direction, 전체-세부방향mass- specific direction으로 발달이 진행된다 그림 2-2.

두-미방향 발달이란 머리에서 발 방향으로 발달이 진행된다는 것이며, 중심부-말초방향 발달은 안쪽에서 바깥쪽으로 발달이 진행한다는 것으로 팔, 손목, 손, 손가락 순서대로 발달이 이루어진다는 것이다. 전체-세부방향 발달은 일반적인 것에서부터 특수한 것으로 발달이 진행되는 것으로 아동이 처음 머리카락을 줍는 한 동작을 하기 위해 몸 전체를 움직였다면 시간이 지나면서 점차 세분화되어 손가락으로 집는 등의 정밀한 행동으로 변화되어 가는 것을 의미한다. 발달순서는 일정한 기본원칙이 있으나, 발달속도는 개인차에 따라 다르게 나타날 수 있다.

그림 2-2 ▸▸▸ 신체 발달의 방향

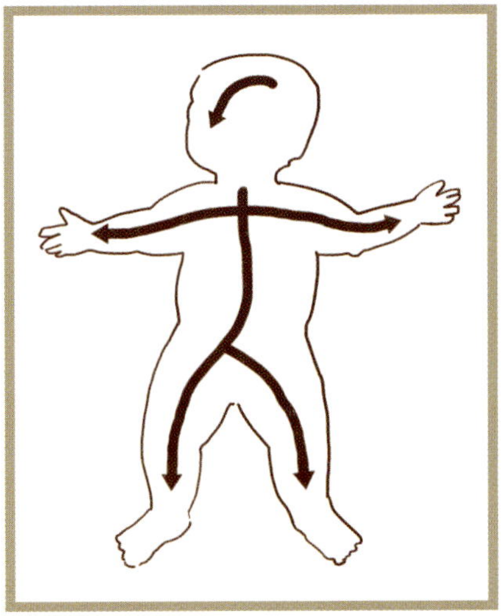

② 발달은 유전과 환경의 역동적인 상호작용에 의해 일어난다.

개인의 유전적 잠재력이 최대한 발휘될 수 있는 최적의 환경적 조건과 상황 조성이 필요하다.

③ 발달에는 개인차가 있다.

발달에는 보편적인 순서가 있으나 그 속도나 상태는 개인에 따라 차이가 있다.

④ 발달에는 결정적 시기가 있다.

결정적 시기란 발달이 가장 급격하게 이루어지는 최적의 시기로, 이때 발달은 환경의 영향을 가장 크게 받는다.

⑤ 발달의 각 영역은 서로 밀접한 관련이 있다.

아동의 신체적 발달, 인지적 발달, 사회 · 정서적 발달 등은 서로 상호작용하면서 이루어지므로 한 영역의 발달은 다른 영역의 발달에 영향을 미친다.

3) 아동발달의 단계

아동발달의 단계를 나누는 대표적인 두 가지 방법은 연령과 발달특성의 주제를 중심으로 구분하는 것이다.

(1) 연령에 따른 구분

일반적인 아동발달에서 보는 발달단계와 아동영양기준에서 보는 발달단계가 차이가 있으나, 이 책에서의 발달시기별 구분은 아동영양기준을 따른다.

태내기와 신생아기, 영아기, 유아기로 나누어지며, 태내기는 배아기, 태아 전기, 태아 후기, 분만기로 세부화된다. 각각의 발달단계에 따른 기간 및 특징은 **표 2-1**과 같다.

표 2-1 | 아동발달의 시기

발육의 구분		연령	특징
태내기	배아기 Embryonic period	임신 전기 (임신 3개월)	• 세포의 급속한 분화hyperplasia predominant period • 신체기관과 구조의 형성
	태아 전기 Early fetal period	임신 중기 (임신 4~6개월)	• 세포의 수와 크기 증가 hyperplasia and hypertrophy period)
	태아 후기 Late fetal period	임신 말기 (임신 7개월~분만)	• 세포 크기 증가hypertrophy period • 출생 후 환경변화에 대한 적응 준비
	분만기 Parturient period	진통과 분만	• 환경의 급격한 변화 • 자궁 내 수중 환경에서 자궁 밖 대기 환경
신생아기 Neonatal period		출생 후 2주간	• 대기 환경에 대한 적응 • 휴식
영아기 Infant	전기	2주~5개월	• 제 1발육 급진기 • 기본적인 신체 및 심리기능 형성
	후기	6~11월	
유아기 Preschool period	전기	1~2세	• 신체 활동 증가 • 신체 또는 심리기능 숙련
	후기	3~5세	

출처 : 송태희 외. 아동영양과 건강교육, 2010. 재구성

(2) 발달특성에 따른 구분

아동발달은 각 발달시기마다 아동의 주요 발달 영역 즉 생물학적 발달, 신체 발달, 인지언어 발달, 사회 · 정서 발달 과정으로 구분된다 그림 2-3.

그림 2-3 ▸▸▸ 발달과정

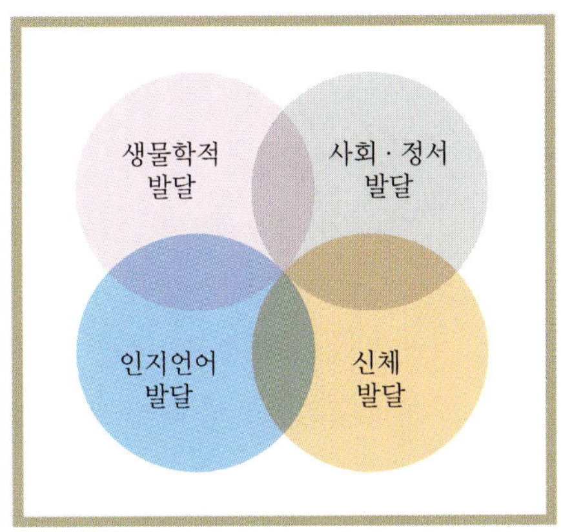

2. 태내기

1) 태내발달

태내발달을 아동발달 관점에서 세부적으로 나누어보면 수정에서 분만까지 평균 266일, 38주의 기간을 말하며 발아기, 배아기, 태아(전, 후)기로 나눌 수 있다 표 2-2.

이 중 가장 기간이 긴 단계는 태아기로, 배아기에 형성된 새로운 기관의 성장이 빠르게 진행된다.

표 2-2 | 태내발달단계

발달단계	내용
발아기	• 수정 후 2주까지로 발생기, 배란기, 배종기 등으로 불림. • 수정된 난자가 세포분열이 시작되어 자궁에 착상하기까지의 시기임.
배아기	• 수정란이 자궁벽에 착상한 후부터 8주까지의 시기로 인간으로서 필요한 주요 기관과 신경계통이 분화되고 형성되는 시기임. • 자유롭게 다니던 수정란이 착상하여 어머니와 의존적인 관계를 형성하므로 발달의 속도가 매우 빨라짐. • 평균 2.25g, 28mm 신체발달을 하며 초보적인 내부기관(심장, 척수, 머리, 상체, 하체) 및 신체기관이 생겨남.
태아(전 · 후)기	• 임신 9주부터 출생 때까지의 기간으로 새로운 기관의 형성보다는 성장이 가속화되는 시기임. • 생식기관의 분화와 더불어 초보적인 내 · 외부 신체기관의 정교화가 일어남.

2) 태내 환경

(1) 영양

태아는 성장 발달에 필요한 영양분을 어머니가 섭취하는 음식에 의해 제공받기 때문에 임산부의 영양상태는 태아발달에 치명적이다. 임산부의 영양상태 등에 따라 태아의 성장지연을 대칭적 성장지연과 비대칭적 성장지연으로 나눌 수 있으며, 이는 임신기간 중 언제 문제가 있었느냐에 따라 달라진다 표 2-3. 임신 중의 심각한 영양부족은 유산, 사산, 저체중아, 중추신경계의 이상, 뇌발달 장애 등을 일으킬 수 있다. 특히 칼슘과 단백질, 철분, 비타민은 임산부의 건강뿐 아니라 태아의 성장, 발육에 필수적이므로 충분히 섭취해야 한다(정옥분, 2010).

(2) 질병

임산부의 질병은 세 가지 경로로 태아에게 영향을 미치게 된다. 첫째, 풍진이나

표 2-3 | 임산부 영양불량과 태아의 성장지연 형태

태아성장지연 형태	
TYPE 1(대칭적 성장지연)	TYPE 2(비대칭적 성장지연)
• 신장, 체중, 두위 전반적인 신체발육부진 • 신체 구성 비율 정상, 체중미달 • 임신 초반기 영양불량의 영향	• 신장, 두위 발달에 비해 체중미달 뚜렷 • 출생 시 불균형적인 신장저하 • 임신 중 · 후반기 영양불량의 영향

인플루엔자, 유행성 이하선염과 같은 병은 배아나 태아의 발달에 직접적으로 영향을 준다. 둘째, 후천성 면역결핍증, 임질, 매독과 같은 질병은 어머니로부터 아이에게 직접적으로 전달된다. 셋째, 당뇨와 같은 병은 산모의 신체적 변화를 통해 간접적으로 아기에게 영향을 준다(이영 외, 2010. 재인용; Kail, 2002).

(3) 흡연 및 음주

흡연하는 임산부의 아기는 비흡연 임산부의 아기보다 체중이 적게 나가며 조산과도 밀접한 관련이 있다(김수희 외, 2010). 또한 흡연은 뇌결함, 작은 두개골, 구개파열, 질병에 걸릴 확률을 증가시킨다. 최근 직접흡연보다 간접흡연이 더 위험하다는 연구결과들이 보고되고 있으므로 아버지의 흡연 등 태아의 발달에 심각한 문제를 일으킬 수 있는 흡연환경을 철저히 차단해야 한다.

임신 중 음주는 혈액을 통해 태아에게 전달되어 부정적인 영향을 미치는 것으로 나타났는데, 대표적으로 태아알코올증후군FAS : fetal alcohol syndrome이 있다. 중앙신경계통의 미성숙으로 지적 장애나 주의집중력 결핍 및 과잉행동 등을 보이며, 출생 시 성장지체 증상이 나타난다.

(4) 정서상태

임산부의 정서상태의 중요성은 우리 고유의 태교 전통을 통해 알 수 있다. 실제로 임산부가 심한 스트레스를 받거나 걱정을 할 때 분비되는 호르몬이 태반을 통해 태아에게 영향을 준다.

(5) 임산부의 연령

좋은 태내환경 중 하나로 임산부의 연령을 들 수 있는데, 35세 이상의 경우를 의학적으로 노산이라고 하며 자연유산, 임신중독증, 난산, 미숙아출산, 다운증후군의 비율이 증가한다. 10대 임산부의 경우도 조산이나 다운증후군 아이를 출산할 확률이 높다.

임신 결과에 영향을 주는 생활습관

1. 알코올

※ 태아알코올증후군

: 아기의 코 아래 인중이 없고, 윗입술이 아랫입술에 비해 현저하게 가늘며, 미간이 짧고 눈은 작다. 출생 후 성장지체, 팔 · 다리 관절 이상, 학습장애, 심장기형, 고환 등 외부 생식샘과 귓볼 기형 현상이 나타난다.

: 태아에게 알코올 대사산물인 아세트알데히드가 태반을 통해 쉽게 통과한다.

→ 직접적 기형유발(정신발달장애 초래)

: 임신부에게는 영양결핍을 초래한다.

→ 알코올은 단백질, 비타민, 무기질 등의 섭취를 제한한다.

→ 과음 시 소화관 내 미량영양소 흡수 장애가 일어난다.

특히 비타민 B계열, 엽산, 아연의 결핍

(만성 알코올의존자 : 기형아 출산)

그림 2-4 ▸▸▸ 태아알코올증후군

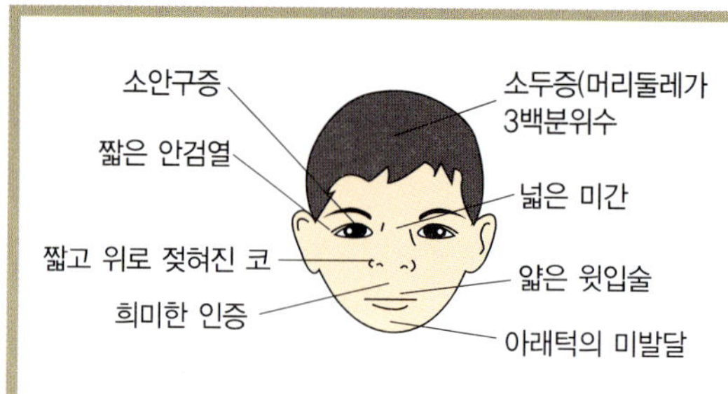

2. 흡연

1) 임신 시 흡연 대사과정

: 임산부 흡연 → 니코틴 → 혈관수축, 태반 혈류량 감소 → 태아, 태반의 저산소증, 영양소 양 제한 → 태아심박수 증가, 호흡운동 장애, 태아발육 장애, 태반기능 저하, 모체의 체중증가량 적음 → 저체중아, 조산, 사산, 기형아

2) 임신 중 흡연이 미치는 영향

: 불임, 임신이상, 상습적 유산, 조산, 사산 및 신생아 사망과 관련이 높다.

: 태반조기박리, 출혈, 전치태반, 자연유상, 양막 장기파열 등 합병증 발생한다.

: 비흡연 여성보다 저체중아 출산율이 2배 정도 높다.

→ 신생아 체중 150~200g 정도 낮은 저체중아 출산한다.

→ 이유는 단백질, 아연, 비타민 B_1, 비타민 B_2 및 철 등의 섭취량이 적기 때문이다.

: 11개비 이상 피우는 경우 조산아 분만 비율이 4배 이상 증가한다.

출처 : 21세기 영양교사. 차윤환 · 김옥선, 2013

(6) 기타 요인

기타 영향을 주는 요인으로 방사선, 환경호르몬, 아버지 등을 들 수 있다.

3. 분만과 신생아기

1) 분만(출산)

태아는 수정 후 266일 동안 어머니의 배 속에 있다가 태어나지만 수정된 날짜를 정확히 모르기 때문에 마지막 월경 시작일을 중심으로 280일째를 분만예정일로 본다.

2) 신생아기

신생아기는 출생 후 첫 한 달을 말한다. 이 시기는 태아가 자궁 속에서 보호받고 의존하던 시기에서 벗어나 태아 자신이 환경에 적응해야 하는 시기이다.

(1) 신체적 특징

① 신장과 체중

보통 신생아 평균 키는 약 50cm, 체중은 약 3.2kg 정도이며, 남아가 여아보다 약간 크고 몸무게도 무겁다. 생후 며칠 동안은 몸 표면에서 수분이 증발하고 대·소변에 비해 먹는 양이 적기 때문에 체중이 줄어들지만 젖을 잘 먹으면 바로 회복한다.

처음 임신 후 2개월이 되었을 때 태아의 머리 크기는 신장의 1/2 정도이다. 신생아의 머리는 키의 1/4 정도 되는데, 4등신으로 키에 비해 다소 크다. 연령이 증가함에 따라 신체 균형은 일정한 순서를 거쳐 머리에서 하체로 발달해 간다.

② 머리 모양과 뇌

신생아의 머리 모양은 출산 시 어머니의 산도를 통과하기 쉽도록 변형되기 때문에 모양이 일그러져 있을 수 있으나, 출산 후 며칠 안으로 정상으로 돌아온다. 이렇게 신생아의 머리 모양이 변형될 수 있는 것은 두개골이 아직 붙어 있지 않기 때문이다. 갓 태어난 신생아의 두개골에는 대천문과 소천문이 있으며 아이가 숨을 쉴 때마다 움직이는 것을 볼 수 있다. 이 부분은 단단한 막으로 둘러싸여 있다가 18개월 정도 되면 완전히 봉합된다.

또한 출생 시 뇌 무게는 350g 정도이지만 첫돌 무렵 800g 정도가 되는데 성숙한 성인의 뇌 무게가 1,350g인 것에 비추어보면 다른 신체기관에 비해 두뇌발달은 출생 초기가 결정적 시기임을 알 수 있다(정옥분, 2010).

(2) 생리적 기능

출생 시부터 신생아는 호흡, 맥박, 체온조절이나 배변과 같은 생리적 기능이 잘 발달되어 있다 표 2-4.

표 2-4 | 신생아기의 생리적 기능

생리적 기능	내용
호흡 · 맥박 · 체온	신생아의 호흡은 1분에 30~60회 정도, 맥박은 1분에 140회 정도로 어른보다 빠르다. 신생아의 체온 역시 어른보다 높은 37~37.5℃로 땀샘이 잘 발달되어 있지 않아 체온조절능력이 떨어지므로 온도의 영향을 많이 받음.
수유	출산 후 1~2일에 젖이 나오기 시작하는데, 이를 초유라고 함. 초유에는 영양이 많을 뿐만 아니라 질병에 대한 면역체가 있으므로 가능한 한 아이가 먹도록 하는 것이 좋음.
수면	신생아 수면시간은 대략 18시간 정도로 3~4시간을 자고 나서 조금 깨어 있다가 다시 자는 일상을 반복함. 수면에는 눈동자가 움직이느냐 아니냐에 따라 REMRapid Eye Movement 수면과 비REM 수면으로 나누어지는데, 신생아는 REM 수면이 거의 절반을 이룸.
배변	신생아는 생후 1~2일경에 태변을 보게 되며, 며칠 후 정상적인 노란색 변을 보게 됨. 배변횟수와 색은 모유수유인지 우유인지에 따라 조금 다르며, 소변은 하루 10회 이상 보지만 수분 섭취율에 따라 차이가 있음.

(3) 감각기능

출생시 신생아의 감각기관은 미성숙한 상태에 있으므로, 출생 이후 주위 환경의 적절한 자극은 감각기능 발달에 꼭 필요하다 표 2-5.

표 2-5 | 신생아기의 감각기능

감각기능	내용
촉각	• 신생아는 주로 촉각에 의존하여 환경을 인지하므로 피부 접촉을 통한 자극은 신생아의 생존에 필수적임. • 피부를 통한 접촉과 자극은 성장을 위해 반드시 필요하며, 어머니가 신생아를 안고 심장 소리를 들려주는 것 등의 행동은 아이에게 안정감을 불러일으킴.
시각	• 신생아의 시각적 능력은 덜 발달된 상태로 태어나며 성인보다 10~30배 정도로 시력이 낮아 가까이에 있는 것만 볼 수 있음. • 출생 후 1개월경이 되어야 사물에 초점을 맞추고 응시하는 것이 가능해짐.
청각	• 출생 직후에는 귓속에 양수가 있어 외부 소리에 잘 반응하지 못함. • 양수가 빠져나간 후 크기, 음조 등을 구분할 수 있으며 낯선 사람보다는 부모의 목소리에 더 민감함.
미각과 후각	• 미각은 태내에서도 어느 정도 기능을 하며 신생아에게 여러 가지 맛을 맛보게 한 결과 단맛을 가장 선호하는 것으로 나타남. • 후각은 다른 동물에 비해서 덜 발달하였으나, 어머니의 모유 냄새와 다른 여성의 젖 냄새를 구분할 수 있는 정도의 기능을 함.

(4) 신생아 발달 측정방법

신생아 발달 측정방법으로는 아프가Apgar검사와 브레젤톤Brazalton 신생아 행동평가 척도가 있다 표 2-6.

표 2-6 | 신생아 발달 측정방법

감각기능	내용
아프가 검사	• 신생아의 건강상태를 측정하는 대표적인 검사로 출생 1분 후, 5분 후에 두 번 검사함으로써 아기의 정상 여부를 판단함. • 합산 결과 7점 이상이면 정상, 5~7점이면 호흡을 위한 도움이 필요한 상태이며, 특히 4점 이하면 위험상태로 즉각적인 조치가 필요하다고 판정함.
브레젤톤 신생아 행동평가 척도	• 신생아가 주위 환경에 어떻게 반응하는지 알아보아 발달상태를 예측하는 검사로 출생 후 일주일경에 측정함. • 주의집중력, 반사와 운동수준, 스트레스에 대한 생리적 반응, 사람 목소리와 얼굴에 대한 사회적 반응 등으로 측정함.

4. 영아기

영아기란 태어나서 1세 전까지를 말한다. 이 시기에는 인간으로서의 기본적인 신체적 기능뿐 아니라 신경세포의 분열이 활발하고 심리적 기능도 형성되며, 골격과 근육이 발달하면서 앉고 기고 서고 뛰는 등, 운동기능이 점차 발달하여 정교해진다.

1) 영아기 영양의 중요성

영아기 영양이 중요한 이유는 영아기가 건강한 한 인간의 형성 시기로 평생을 좌우하기 때문이다. 즉, 이 시기가 전 인생의 기간으로 보았을 때 극히 짧은 기간이지만 성장과 발달이 가장 활발하고 결정적 시기이기 때문이다. 영아기는 면역력이 약하고 각 개인에 따라 성장과 발달에 큰 차이를 보여 특히 영양관리가 중요하다. 영아기의 영양부족은 영양장애를 유발하게 되고, 영양과잉은 비만을 유발하므로 적절한 영양공급이 중요하다.

2) 영아기 신체적 성장의 특징

영아기는 일생 중 성장이 가장 왕성한 시기로 생후 1년까지를 말하며, 이 시기에 신장은 태어날 때 50cm에서 80cm로 약 1.5배 성장하고, 체중은 태어날 때 3.3~3.4 kg에서 약 3배 정도 증가한다.

- 흉위는 두위보다는 작으나 1년 후 두위와 같아지고, 신체를 구성하는 수분, 지방, 무지방 신체질량lean body mass 등의 체조성에 변화가 온다 그림 2-5.
- 출생 시 체중의 70% 정도였던 수분함량이 생후 1년이 되면 어른 수준과 비슷한 약 60% 정도로 감소하는데 수분 감소에 따라 상대적으로 무지방량이 증가하여 생후 1개월일 때 12.5%에서 1세에 15%로 변하며 남아가 여아보다 체내 무지방량의 축적이 많다.
- 체지방량은 14~15% 정도에서 22~24%로 증가하며, 출생 후 2~6개월에 일어나는 지방 증가량은 같은 시기에 일어나는 무지방량의 증가보다 2배 이상이 증가한다.

그림 2-5 ▸▸▸ 성장에 따른 신체조성의 변화

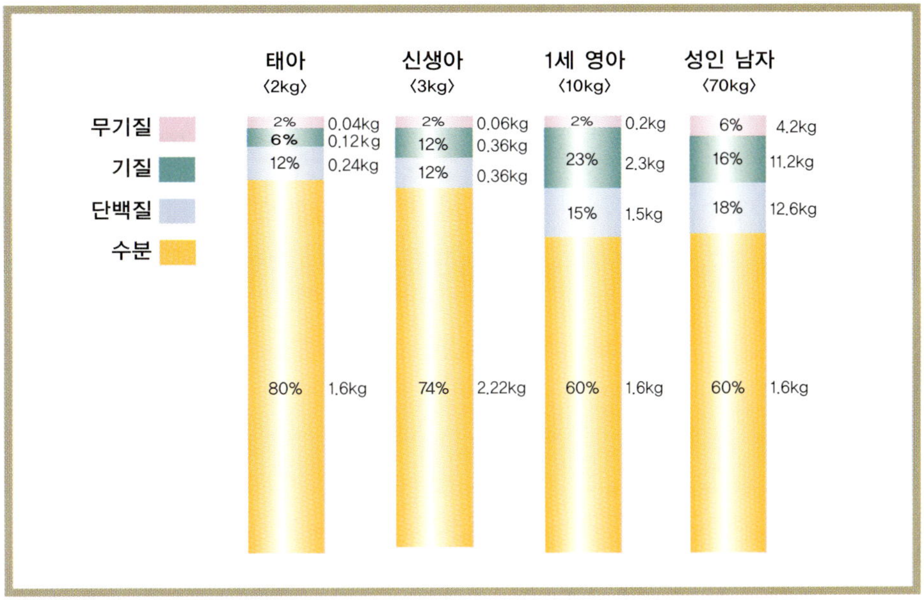

출처 : 생애주기영양학. 김은경 외, 2010

- 영아의 피부 두겹집기에서 출생 시부터 여아의 것이 남아의 것보다 약간 더 높게 나타난다.
- 생후 1년간 급격한 뇌 성장으로 인하여 머리가 다른 신체부위에 비해 크다. 뇌 중량도 500g 정도이던 것이 2~5세 때에는 약 1kg으로 증가하다가, 11~15세에는 성인의 뇌중량(1.3~1.4kg)에 도달한다.
- 출생 후 약 5~7개월이 되면 앞니가 나오기 시작하며 2년 6개월이 되면 젖니 전부인 20개가 나오게 된다.
- 신생아기에는 입 주변에서 빨아 먹으려는 모습을 보이고, 4개월이 되면 숟가락으로 음식물 섭취가 가능하며, 6개월이 되면 턱의 움직임이 발달하여 저작기능이 발달하게 된다. 8개월쯤에는 컵에 담긴 물이나 우유를 마실 수 있게 되고, 12개월이 되면 저작기능이 충분히 발달되어 부드러운 음식을 먹을 수 있게 된다.
- 출생 시 머리둘레는 가슴둘레보다 약간 큰데, 생후 6개월 정도가 되면 유사해지다가, 생후 1년 정도 되면 가슴둘레가 머리둘레보다 커지게 된다 그림 2-6.

그림 2-6 ▸▸▸ 연령에 따른 신체 각 부위의 비율 변화

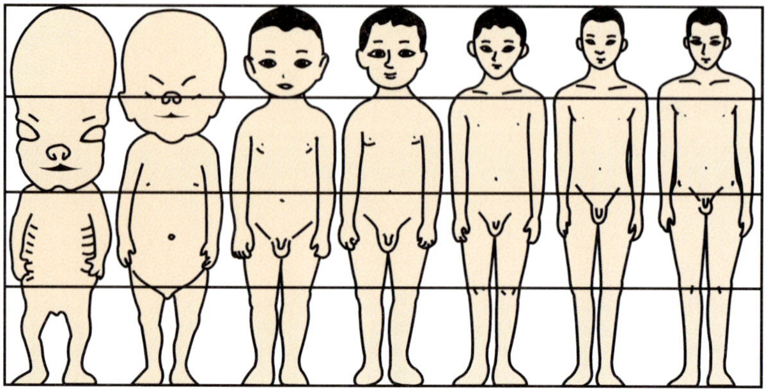

출처 : 생애주기영양학. 김은경 외, 2010

3) 영아기 생리적 성장의 특징

- 영아의 위장은 출생 후 계속 성장하여 생후 1년경에는 200~250mL로 총량이 늘어나며, 출생 직후 위의 pH가 알카리성을 띠고 있으나 24시간이 지나면 위산 분비가 시작되어 강산성을 띠게 된다.
- 위액에는 펩신pepsin, 카텝신catepsin 및 응유효소가 존재하며, 위에 모유는 2~3시간 우유는 3~4시간 정도 머물게 된다.
- 영아는 이당류 분해효소인 말타아제, 이소말타아제, 수크라아제, 락타아제의 활성은 어른과 비슷하다. 아밀라아제의 경우 생후 1달 동안 매우 낮은 수준으로 생후 4개월 이후 췌장 아밀라아제가 분비되기 시작하며, 이 효소의 초기 농도가 매우 낮아 너무 일찍 영아에게 곡류를 먹이는 것은 바람직하지 않다. 될 수 있으면 생후 4개월이 지난 후 곡류를 이유식으로 주는 것이 좋다.

4) 영아기 운동발달의 특징

영아기는 계속적인 움직임을 통해 운동을 배우게 되는데 생후 1년 후 기어다닐

수 있게 되고, 생후 2년 후에는 걷는 것이 가능하다. 영아는 머리를 드는 운동을 함으로써 목근육을 강화하면서 발달을 시작하게 되고, 다음 단계로 윗몸을 들어 올리는 기술이 이루어진다.

영아는 앞 단계의 동작을 성취해야 다음 동작을 할 수 있으며, 운동기능의 발달은 신체의 성숙도에 따라 개인차가 크다. 영아의 연령에 따른 보편적인 아동운동기능의 발달 단계는 그림 2-7 과 같다.

또한 소근육 기능이 향상되면서 손을 사용할 수 있어 작은 물건 담기, 쏟기, 비틀기, 숟가락 사용하기, 배변훈련 시작하기, 이닦기 등이 가능해진다. 생후 3개월 동안은 물체를 눈으로 보고 인식하지만 손으로 물건을 잡을 수 있게 되면 눈과 손의 협응작용이 이루어진다.

그림 2-7 ▸▸▸ 영아의 아동운동기능 발달

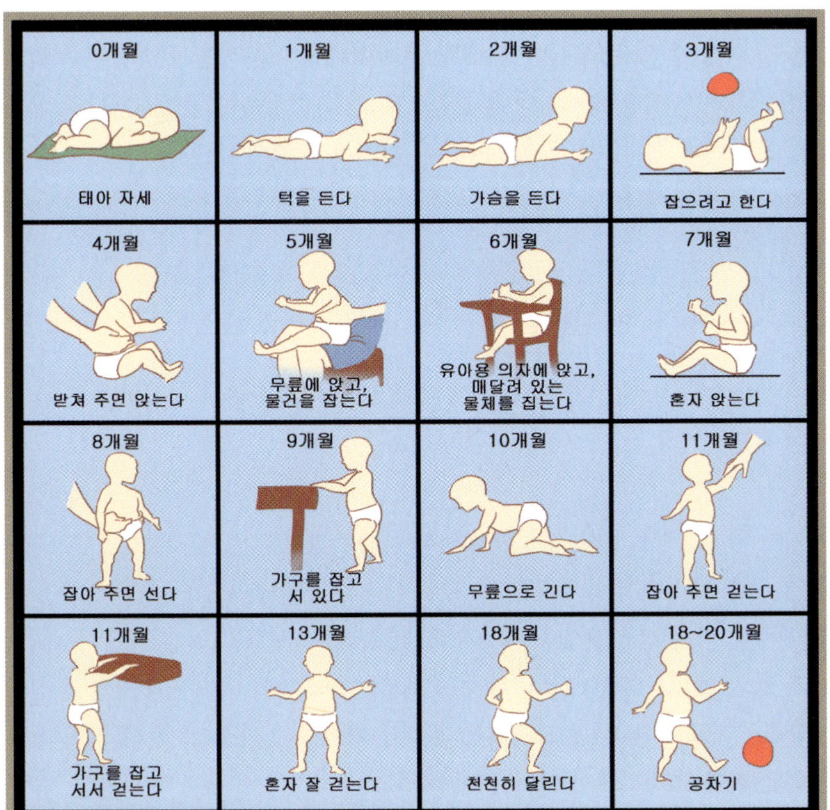

출처 : 영유아발달. 곽노의 외, 2010

5. 유아기

유아기는 만 1세에서 5세까지로 영아기 이후와 학령기 이전의 시기를 말한다. 이 시기는 다른 시기에 비해 성장과 발달 속도가 비교적 낮고 완만한 편이나, 아동의 활동 면에서 매우 왕성한 시기이다. 특히 이 시기에는 신체의 조절능력, 운동능력, 사회인지능력, 지적능력, 소화능력 등이 복잡하게 발달하는 시기이므로 올바른 식습관이 확립되어 건강한 성인으로 이어지는 중요한 단계 중 하나이다.

1) 유아기 영양의 중요성

유아기는 발육이 왕성하고 운동이 활발한 시기이므로 영양소의 절대 섭취량은 성인에 비해 적지만 체중당 영양소 및 에너지 섭취량은 성인보다 높으며 음식에 대해 좋고 싫음을 표현할 수 있는 시기이다. 또한 유아기에는 기본적인 식습관이 확립되는 시기로 유아기의 특징상 정서적인 불안함으로 인하여 식욕이 없어지거나 동요가 일어나 편식이 생기기 쉽다. 이 시기에는 간식 섭취로 충치가 발생하기 쉬우므로 구강 위생관리 또한 필요하다.

2) 유아기 신체 및 생리적 성장의 특징

유아기는 영아기와 청소년기의 급성장에 비해 느리지만 꾸준히 성장하며 특히 사지의 성장이 두드러진다.

- 유아기에 체지방량은 전반적으로 감소하나 사춘기가 되면 체지방량은 다시 급증하게 된다. 운동능력이 발달함에 따라 골격과 근육량이 점차로 증가하며 체중 증가량의 약 절반 정도를 근육량의 증가로 볼 수 있다.
- 유아기 동안 매년 신장은 7cm, 체중은 2kg씩 증가하여 6세가 되면 평균 신장이 115cm, 체중이 20kg 정도 된다. 남아가 여아보다 신장이 좀 더 크며 신체 비율의 변화를 초래하여 영아기에 비해 길고 홀쭉한 모습으로 변화한다. 유아기에는 팔다리가 길어짐에 따라 이동성과 운동성이 증가한다. 유아기에 신장

영아의 사고발달

Piaget의 인지발달이론과 대상영속성

Piaget는 인간의 인지발달은 동일한 단계를 거치면서 동화와 조절에 의해 이루어지는 적응과정으로 설명하였다. 생후 2년 동안 영아는 감각 · 운동적 협응과정을 통해 인지발달이 이루어진다고 보고 이를 '감각운동기'라고 하였다.

감각운동기의 중요한 발달로 Piaget는 대상영속성Object permanence을 제시하였는데, 대상영속성이란 사물이 눈앞에 보이지 않거나 만질 수 없을 때에도 여전히 존재한다는 것을 알게 되는 개념을 말한다. 사라진 물건이 존재한다고 믿게 되는 것은 마음속으로 물건을 상상할 수 있는 표상적 사고가 가능한 상태를 이야기하는데, 이것은 감각운동기의 마지막 단계이다.

그림 2-8 ▸▸▸ 대상영속성 실험

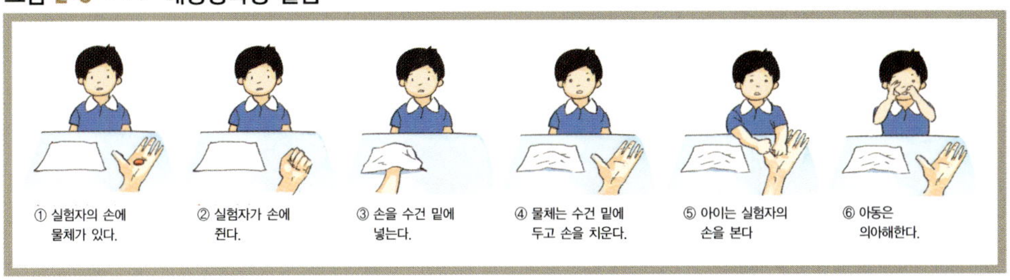

출처 : 아동발달. 조복희, 2010

과 체중에 가장 영향을 미치는 것은 유전적 배경, 영양, 건강관리, 수면 등이다

- 유아기를 거치며 두뇌가 빠르게 성장하고 신경세포의 축삭돌기의 수초화는 2세 전후 시작하여 10세경에 거의 완성되는데, 수초 형성은 영양상태에 의해 영향받기 쉽다. 2세까지의 영양 불균형은 중추신경계의 발달에 크게 영향을 미치며, 이때 신경계의 손상은 불가역적인 뇌 손상을 야기할 수 있다.
- 유아기에는 소화기계도 빠르게 발달하게 되어 소화효소계가 3~4세에 거의 성인과 같은 수준으로 발달한다. 위의 용량 증가 및 대장의 기능도 유아 후기에 거의 발달되어 배변의 특성, 배변시간의 규칙성, 배변조절 능력 등을 배우게 된다.
- 3세가 되면 유치는 20개가 모두 나오며 턱도 성장하므로, 유아기 후반에는 고형 음식의 섭취기술이 크게 발달한다.

말 늦고 주의 산만한 우리 아이, 혹시 중이염?

요즘같이 기온이 갑자기 떨어지는 시기에 아이들이 이비인후과나 소아과를 찾는 이유 중 감기 다음으로 많은 질환은 중이염이다. 중이염은 생후 6개월이 지나면서 발병률이 급격히 증가하기 시작해 3살 무렵까지 약 70%의 유 · 소아가 적어도 한 번 이상 앓게 된다.

중이염은 귀 중간 부분인 중이에 염증이 생기는 것으로, 심한 이통(귀의 통증) 등을 일으키며 방치될 경우는 머리의 중요 기관들(특히 유양동)로 염증이 퍼질 수 있다. 중이염은 청력 손실을 만들고, 소아의 학습능력을 저하시키며, 특히 소아는 이관발달이 원만하지 않아 비염과 중이염을 동반할 수 있다. 중이염으로 인한 청력 이상은 언어 발달까지 지연시킬 수 있다는 점에서 의심된다면 초기에 치료를 받는 것이 중요하다. 중이염은 그 증상뿐만이 아니라 수반되는 증상들로 인해 더 큰 고통을 받게 되는 질환이다. 말을 잘못하거나 자기 표현이 서툰 소아를 자녀로 둔 부모는 항상 아이에게 세심한 관찰이 필요하다. 영아의 경우 열이 나면서 보채고 울거나 귀를 잡아당기는 시늉을 하고, 어린아이의 경우 TV 소리를 높이거나 너무 가까이에서 시청하고, 또는 수업중 주의가 산만하다면 중이염을 의심해볼 수 있다.

무엇보다 중이염 역시 생활속에서 예방법을 지키고 항상 주의하는 것이 좋다. 소아의 경우 젖병을 문 채로 잠을 자게 하는 것은 안 좋으며, 우유를 줄 때도 눕혀서 주는 것은 금물이다. 아이의 곁에서 담배를 피우는 것은 절대 금해야 할 사항이다

출처 : 헬스코리아뉴스(2011.12.6)

유아기에는 지능 및 정서적인 면이 점차 복잡하게 발달하며 정신적인 발달도 현저하게 나타난다. 유아기에는 자의식, 사회성, 심리 등이 발달하며, 언어 습득이 시작되어 언어로 의사소통이 가능해진다. 또한 식사방법을 학습하고 식행동과 섭식기술이 발달하며 음식선택, 음식 맛에 대한 기억, 음식에 대한 기호가 생기게 된다.

3) 유아기 운동발달의 특징

유아기에 들어서면서 운동기술이 급속도로 증대한다. 달리기, 공던지기 등의 대근육 운동뿐만 아니라 신발끈매기 등의 소근육 운동도 같이 발달한다.

(1) 대근육 운동

유아기에는 신체비율상 머리의 크기가 작아지면서 몸의 중심이 아래로 내려가기 때문에 균형을 잡기가 쉬워지고 대근육을 쓰는 움직임이 발달하게 된다. 유아의 연

령별 대근육 운동기능의 자세한 발달과정은 표 2-7 과 같다.

(2) 소근육 운동

소근육 운동은 눈과 손의 협응을 통해 발달한다. 소근육 운동을 통해 유아가 일상에서 원하는 활동을 하고 환경과의 상호작용을 원활하게 할 수 있는 도구적 역할을 한다. 수저로 밥먹기, 연필로 글씨쓰기, 크레용으로 색칠하기, 단추채우기, 운동화 끈 매기 등은 유아기에 발달하는 대표적인 소근육 운동이다.

표 2-7 | 유아기 대근육 운동기능 발달

연령	걷기	달리기	뛰기	페달 밟기	오르기	던지기
2~3세	율동적으로 잘 걷는다	몸을 뻣뻣하게 세우고 달린다. 방향을 바꾸거나 갑자기 멈추는 것이 어렵다	두발로 깡충 뛴다	장난감 자동차에 올라타고 두 발로 민다	계단을 오를 때 한 쪽 발을 먼저 올려놓은 후 다른 쪽 발을 그 옆에 놓는다. 높은 곳에 올라갈 수 있지만 내려오지는 못한다	목표물을 향해 공을 던질 때 두 팔을 사용한다. 발이나 몸은 움직이지 못한다
3~4세	팔을 앞뒤로 흔들며 걷는다. 직선 위를 잘 걷는다	유연하게 잘 달리고 출발과 정지를 잘한다	두 발로 높이 뛰어오른다. 한발로 장애물을 뛰어넘는다	세발자전거를 탈 수 있다	계단을 오를 때는 한발로 차례차례 오르지만 내려올 때는 두 발을 모아서 내려온다	몸을 앞뒤로 흔들며 한쪽 팔로 공을 던진다
4~5세	곡선 위를 걷는다. 평균대 위를 걷는다	빨리 잘 달리고 달리면서 방향을 바꿀 수 있다	깡충깡충 뛰면서 앞으로 나아간다	세발자전거를 빠르고 유연하게 잘 탄다	발을 번갈아 가면서 계단을 오르내린다. 사다리, 정글짐, 미끄럼틀, 나무 등을 타고 오르내린다	팔꿈치를 사용해서 공을 던진다
5~6세	성인처럼 걷는다	속력을 내서 잘 달린다	높이뛰기와 멀리뛰기를 할 수 있다. 줄넘기를 한다	두발자전거를 탈 수도 있다	성인처럼 오르고 내린다	발을 앞으로 내밀고 팔을 쭉 뻗어 공을 던진다

출처 : 아동발달의 이해. 정옥분, 2002

Chapter 3

탄수화물과 식이섬유소

1. 영양소의 종류와 기능
2. 탄수화물
3. 식이섬유소

Chapter 3

Chapter 3

탄수화물과 식이섬유소

1. 영양소의 종류와 기능

우리가 섭취한 음식물의 영양소는 우리 몸에 육체적 활동을 할 수 있게 하는 에너지를 제공하고 체온 및 생명현상을 유지시킬 뿐만 아니라, 성장기에는 신체 구성을 위한 성장발육을 가능하게 한다. 우리 몸에 필요한 영양소는 일반적으로 크게 6종류로 탄수화물, 단백질, 지질, 비타민, 무기질, 수분으로 분류하며, 이를 6대 영양소라고 한다 표 3-1. 이들 영양소는 체내에서 이루어지는 기능에 따라 에너지 영양소, 구성 영양소 및 조절 영양소로 나눌 수 있다.

에너지 영양소 : 탄수화물, 단백질, 지질
구성 영양소 : 단백질, 지질, 무기질, 수분
조절 영양소 : 단백질, 무기질, 비타민

- 에너지 영양소인 탄수화물과 단백질은 1g당 4kcal, 지질은 1g당 9kcal의 에너지를 생산한다.
- 구성 영양소에는 세포와 근육을 구성하는 단백질과 지질, 치아와 뼈를 구성하는 칼슘과 같은 무기질, 우리 몸의 60~70%를 차지하는 수분이 있다.
- 조절 영양소는 단백질, 무기질, 비타민이 있으며 우리 신체의 복잡한 생리과정을 조절해 준다.

표 3-1 | 영유아에게 필요한 필수영양소

영양소	역할	급원식품
탄수화물	에너지를 만든다	쌀, 보리, 밀, 콩, 감자류, 고구마, 옥수수, 떡, 빵
지질	에너지를 만들고 근육이 잘 움직일 수 있도록 도와준다	땅콩, 호두, 버터, 참기름, 깨
단백질	신체의 성장발육을 도와준다	생선, 두부, 계란, 콩, 쇠고기
칼슘	뼈와 치아를 만든다	멸치, 생선, 유제품, 미역, 뱅어포
비타민, 무기질	성장을 촉진해 준다	당근, 시금치, 양파, 양배추, 가지, 귤, 토마토, 딸기, 계란노른자(철), 버섯, 파래, 다시마

2. 탄수화물

탄수화물은 식물의 광합성 작용에 의해 뿌리, 열매, 줄기, 잎 등에 전분이나 섬유소 형태로 저장되는 영양소이다 그림 3-1. 탄수화물은 '당질'이라고도 하며 우리가 주식으로 하는 쌀, 보리, 밀, 옥수수, 감자, 고구마 등 식물성 식품에 많이 함유되어 있다. 탄수화물은 대부분의 사람이 가장 많이 섭취하는 영양소이다.

그림 3-1 ▸▸▸ 광합성작용

1) 탄수화물의 종류

음식물로 섭취하는 탄수화물은 크게 소화와 흡수가 빠른 단순당질과 소화흡수가 느리거나 거의 되지 않는 복합당질로 분류된다. 단순당질에는 단당류와 이당류가 있으며, 복합당질에는 전분과 식이섬유가 포함된다.

(1) 단당류 : 하나의 당으로 이루어진 탄수화물

- 포도당 : 포도에 많이 함유되어 있어 붙여진 이름이다. 체내에서 전분이 소화되어 생성되며 혈액 중에 존재하기 때문에 혈당이라고도 한다.
- 과당 : 단맛이 가장 강하며, 천연식품에는 과일과 꿀에 들어 있다. 청량음료나 가공식품에 많이 사용되는 액상과당(고과당 콘시럽)의 주원료이다.
- 갈락토오스 : 뇌와 신경을 형성하는 구성성분으로 단맛은 약한 편이며, 동물의 유즙, 우유 및 유제품에 들어 있다.

설탕보다 더 달콤한 액상과당의 진실

액상과당high-fructose corn syrup은 설탕보다 훨씬 단맛이 강하며 음료수, 과자 등 다양한 가공식품에 사용되고 있다. 전 세계인의 단맛을 충족시킬 만큼의 설탕 생산량이 적기 때문에 옥수수의 전분을 분해하여 단맛을 내는 콘시럽을 생산한다. 그러나 콘시럽은 당도가 설탕의 60% 정도밖에 되지 않기 때문에 단맛이 가장 강한 과당(설탕의 1.3배)을 첨가하여 당도를 높여 준다. 그래서 단맛이 필요한 청량음료, 잼, 젤리 등의 식품에 붙어 있는 라벨에 '액상과당' 혹은 '고과당 콘시럽'이라고 쓰여 있는 것이다.

출처 : EBS 다큐프라임 아이의 밥상, 재구성

(2) 이당류 : 단당류 2개가 결합된 탄수화물

- 맥아당 : '포도당+포도당'으로 구성되어 있으며, 곡류가 발아하거나 전분이 가수분해되어 만들어진다. 엿당이라고도 하며 식혜가 만들어지면서 생긴다.
- 설탕 : '포도당+과당'이 결합된 형태이다. 사탕수수나 사탕무에 많이 함유되어 있는 것을 정제하여 설탕으로 만든다.

유당

모유에 함유되어 있는 탄수화물은 주로 유당이며 다른 동물의 유즙에 비해 함량이 높은 편이다. 유당은 아동의 성장과 골격 형성에 절대 필요한 칼슘의 흡수를 돕고 장내 유해세균을 감소시켜 유익한 균을 증가시킨다. 또한 신경조직에 중요한 갈락토오스를 공급해 준다.

- 유당 : '포도당+갈락토오스'로 구성되어 있으며 동물의 유즙, 우유 및 유제품에 들어 있다.

(3) 올리고당 : 단당류가 3~10개 결합된 탄수화물

- 올리고당은 3~10개의 단당류로 구성되며, 대부분 사람의 소화효소에 의해 분해되지 않지만, 대장에 있는 박테리아에 의해 분해되어 가스를 생성한다.
- 프락토올리고당, 갈락토올리고당, 이소말토올리고당은 설탕, 유당, 전분으로부터 각기 효소 처리를 하여 만든 기능성 올리고당이다. 이들은 대장 내의 비피더스균을 활성화해 장의 건강을 증진시켜 주므로 장내 균 성장촉진제라고도 한다.

(4) 다당류 : 단당류가 1,000개 이상 결합한 탄수화물

다당류는 단당류가 수백~수천 개가 결합된 것으로, 다당류에는 전분, 식이섬유소, 글리코겐이 있다. 전분은 식물에 있는 저장성 다당류로 우리가 섭취하는 대부분의 탄수화물 식품이 여기에 해당된다. 식이섬유소는 식물의 세포벽을 이루는 성분으로 사람의 소화효소로는 분해되지 않는다.

① 전분

식물이 성장하면서 포도당이 중합되어 전분의 형태로 저장되는 물질이다. 식물성 전분은 아밀로오스와 아밀로펙틴 2가지 형태가 있는데, 찹쌀은 주로 아밀로펙틴으로만 구성되고 감자, 식빵, 파스타, 멥쌀 등은 아밀로오스와 아밀로펙틴이 1:4의 비율로 들어 있다.

② 식이섬유소

식이섬유소는 인체의 소화효소에 의해 분해되지 않고 대변으로 배설되는 영양소로 셀룰로오스, 헤미셀룰로오스, 펙틴, 리그닌, 검류 등이 있다.

2) 탄수화물의 기능

(1) 에너지 공급 및 저장

- 탄수화물은 1g당 4kcal의 에너지를 공급하며, 급원식품은 대부분 곡류로 약 80%를 차지한다.
- 우리가 섭취하는 총 에너지의 50~70%는 탄수화물이며, 섭취 후 체내에서 분해되어 포도당의 형태로 혈액으로 유입되어 이용된다. 특히 모유는 유당의 형태로 탄수화물을 공급한다.
- 유아는 체내에 저장할 수 있는 글리코겐 함량이 성인에 비해 매우 적으므로 규칙적인 세 끼 식사와 간식을 통해 탄수화물을 공급받아야 한다.

(2) 혈당 유지

- 혈액의 포도당 농도, 즉 혈당은 항상 일정하게 유지되어야 하는데, 정상적인 사람의 혈당은 70~100mg/dL이다.
- 특히 뇌와 적혈구의 유일한 에너지원은 포도당이므로 정상적인 혈당 유지가 매우 중요하다. 식사 후에는 혈당이 급격히 올라가지만 시간이 지나면 다시 정상 수치로 돌아오는 것이 일반적이다.
- 영아는 성인에 비해 뇌의 크기가 상대적으로 크고 에너지 필요량의 60%를 뇌에서 이용하기 때문에 포도당 요구량이 4배 정도 높다.

(3) 체단백질 절약작용(손실 방지)

- 탄수화물 섭취가 매우 적어 포도당을 충분히 공급받지 못하면, 신체는 근육이나 장기의 단백질을 분해하여 포도당을 만들어 에너지를 생산하게 된다.
- 따라서 적절한 탄수화물의 섭취는 근육이나 장기 등 체단백질을 소모시켜 에너지로 사용하는 것을 방지하므로 신체의 체단백질을 보호하는 것이다.

(4) 케톤증 방지

- 기아상태에 있거나 탄수화물 섭취가 매우 적고 단백질과 지방으로 구성된 식

사를 계속하면 지방이 불완전하게 산화되어 우리 몸에 해로운 산성의 케톤체가 형성된다.

- 케톤체가 혈액과 조직에 축적되면 체내 pH를 산성 쪽으로 기울게 만드는 케톤증을 유발한다.
- 특히 케톤체가 포도당 대신 두뇌의 에너지원으로 사용되면 두뇌에 치명적인 악영향을 미칠 수 있다.

설탕 이야기

설탕은 인도에서 처음 발견되었으며, 'sugar'는 설탕 결정을 뜻하는 옛 인도 말인 '사르카라sarkara'에서 유래되었다. 설탕이 만들어졌던 초기에는 아주 귀하고 비싸서 왕족이나 귀족만이 구할 수 있었기 때문에 주로 귀한 약재나 케이크, 장식품 등의 재료로 쓰였다. 오늘날처럼 많은 사람이 먹을 수 있게 값이 싸진 것은 약 350년 전부터이다.

설탕의 소비가 급격하게 늘어날 수 있었던 것은 설탕이 대량으로 생산되었기 때문에 가능했다. 또한 설탕이 널리 퍼질 무렵에 다양한 종류의 차와 커피 등의 기호식품의 소비가 증가함에 따라 설탕의 소비 또한 증가하게 되었다. 이후로 가난한 사람들은 차에 설탕을 넣어 마른 빵과 함께 한 끼를 해결했는데, 이때 설탕은 최소한의 양식이자 대충 때워 먹는 칼로리였다.

아래의 식품에 존재하는 당 함량은 각설탕을 기준으로 보면 다음과 같다.

(: 각설탕 1개, 3.4g)

	식품		식품
	딸기잼 1큰술(21g) 21g (6개)		사탕 3~4개(14g) 11g (3개)
	초콜릿(25g) 13.3g (4개)		양갱이 1개(25g) 16.8g (5개)
	케이크 1조각 68g (20개)		요구르트 1개(150mL) 22.4g (6.5개)
	식혜 1캔(200mL) 25g (7.5개)		캔커피 1캔(200mL) 18g (5개)
	라이트콜라 1캔(250mL) 0.25g (조금)		콜라 1캔(250mL) 28g (8개)

출처 : 아하! 당! 그렇구나. 식품의약품안전처. 재구성

당을 많이 섭취하면 좋지 않은 이유?

당을 많이 섭취하면 혈액 중의 당 농도가 급격하게 상승하므로 신진대사의 균형이 깨진다. 에너지를 내는 당만 제공할 뿐 다른 주요 영양소를 공급하지 못하므로 영양소의 균형도 잃게 된다. 어린이가 설탕과 같은 단순당을 많이 섭취하면 항상 움직이고 이것저것 만지고 부산하며 심한 경우 주의력 결핍 증상까지 동반하는 일종의 소아 정신장애가 나타날수 있다.

식품의 당 함량

세계보건기구WHO에서는 당 섭취 권장량을 총 열량의 10% 미만으로 제시하였다. 2005년 음료의 당류 함량을 조사한 결과 어린이 음료가 탄산음료보다 당류(설탕, 포도당, 과당 등) 함량이 더 높은 것으로 나타났고, 시판 우유에서도 과즙 함유 우유의 당 함량이 탄산음료인 사이다 수준인 것으로 나타났다. 당류의 섭취를 줄이기 위해서는 식품 선택 시 함유되어 있는 당을 찾아내는 것이 필요하다.

음료별 당 함량(1캔, 250mL)					
종류				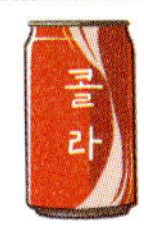	
당함량(g)	15.3	25.8	29.0	31.5	32.5

유제품의 당 함량(200mL)				
종류				
당 함량(g)	8~9	10~14	18~21	17~20

무가당 주스에는 당이 없을까?

무가당 천연 과즙음료와 가당 천연 과즙음료에 들어 있는 과당, 포도당, 설탕 성분의 함량을 비교해본 결과 별다른 차이가 없는 것으로 나타났다. 무가당 음료임에도 당 함유량이 높게 나타난 이유는 과즙 자체에 당이 존재하고, 과즙음료는 일정 수준의 당도를 가져야 한다는 기준이 있기 때문이다. 그러므로 무가당 음료란 추가로 당을 더 첨가하지 않았다는 말이지 당이 없다는 것은 아니다.

대부분의 시리얼 제품 30%가 설탕

2004년 시리얼의 당류 함량을 조사한 결과, 어린이 시리얼 제품 12개 중 8개 제품은 30%가 설탕으로 구성되어 있었으며 총 당류 함량도 25개 제품 중 10개 제품에서 30%를 초과하였다.

출처 : 아하! 당! 그렇구나. 식품의약품안전처. 재구성

3) 탄수화물 관련 건강문제

(1) 당뇨병

- 당뇨병이란 우리가 먹은 음식을 에너지로 전환시키는 작용이 제대로 이루어지지 않는 대사 질환의 일종이다. 당뇨병의 3대 증상은 다식(많이 먹음), 다뇨(소변량이 많음), 다갈(갈증을 많이 느낌)이다.
- 우리가 섭취한 탄수화물은 소화과정을 거쳐 포도당으로 분해되어 혈액으로 유입되는데, 혈액에 있는 포도당은 인슐린에 의해 세포 내로 이동되어 이용된다.
- 인슐린은 췌장에서 분비되는 혈당 조절 호르몬이다. 인슐린이 부족하거나 인슐린이 제대로 작동하지 못하게 된 경우에 혈액에 있는 포도당은 세포 내로 들어가지 못하여 혈당이 높아지게 된다 그림 3-2.

1형 당뇨병

- 보통 어린이와 청소년에서 나타난다.
- 제1형 당뇨병인 경우 우리 몸에서 인슐린을 만들지 못하므로 매일 인슐린을 주사해야 한다.

2형 당뇨병

- 가장 흔한 당뇨병으로 주로 성인에서 많이 발병한다.
(당뇨환자 10명 중 9명이 제2형 당뇨).
- 우리 몸이 인슐린을 만들 수는 있으나 인슐린이 역할을 못해서 당이 세포에서 이용될 수 없다.

그림 3-2 ▸▸▸ 당뇨병

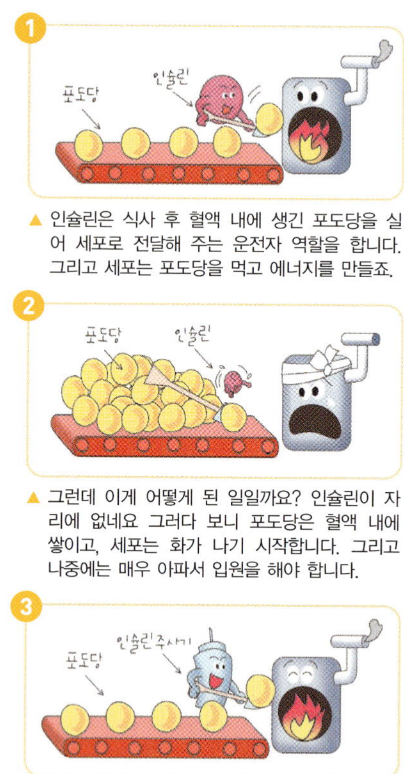

▲ 인슐린은 식사 후 혈액 내에 생긴 포도당을 실어 세포로 전달해 주는 운전자 역할을 합니다. 그리고 세포는 포도당을 먹고 에너지를 만들죠.

▲ 그런데 이게 어떻게 된 일일까요? 인슐린이 자리에 없네요 그러다 보니 포도당은 혈액 내에 쌓이고, 세포는 화가 나기 시작합니다. 그리고 나중에는 매우 아파서 입원을 해야 합니다.

▲ 결국, 우리 몸은 포도당에 인슐린 그리고 세포가 합쳐져서 제 기능을 해야지만 에너지가 생긴답니다.

출처 : 당뇨병이 뭐예요? 식품의약품안전처

인공감미료와 영양감미료

인공감미료 중 식품의약품안전처에서 허가된 것은 아스파탐, 사카린, 아세설팜 칼륨, 수크랄로스의 4가지이다. 이 중 아스파탐만 칼로리의 형태로 에너지를 공급할 수 있는 영양가 있는 감미료이며, 나머지 3가지는 칼로리가 없다.

이들은 설탕에 비해 100~600배 강하며 다량 섭취하면 건강에 해로울 수 있다. 인공감미료는 당뇨병 환자를 포함하여 설탕의 섭취를 줄이려는 사람에게 도움이 되는 감미료이다.

그 외에 설탕을 대체하는 영양감미료로는 고과당 콘시럽, 벌꿀, 단풍시럽, 당알코올 등이 있다. 당알코올인 솔비톨, 만니톨, 자일리톨 등은 식물에서 자연적으로 만들어지는 단맛의 알코올이며 단맛은 설탕의 반 정도이다.

(2) 유당불내증

- 유당불내증lactose intolerance은 유당이 함유된 우유나 유제품을 많이 먹었을 때 유당분해효소lactase의 결핍으로 유당의 분해와 흡수가 충분히 이루어지지 않아 복통, 가스, 설사 등의 과민한 증상을 나타낸다.
- 전 세계적으로 백인보다는 흑인, 아시아인, 아프리카인에게 유당불내증이 많이 나타난다.
- 유당 함유 식품과 다른 식품을 함께 섭취할 경우 소화율이 높아지기 때문에 식사하는 동안 우유를 조금씩 함께 마시거나, 유산균에 의해 유당이 분해되어 발효된 치즈나 요구르트와 같은 유제품을 이용하는 것이 좋다.

4) 탄수화물 급원식품

탄수화물은 쌀밥, 국수, 식빵, 옥수수, 떡, 감자, 고구마 등의 전분 및 곡류 같은 식물성 식품에 다량 함유되어 있다.

엠프티 칼로리 식품이란?

청량음료, 설탕, 술, 과자, 흰쌀, 밀가루와 같이 고에너지만 내면서 비타민, 무기질, 단백질, 섬유소 등 우리 몸에 필요한 영양소는 거의 함유하지 않는 식품을 엠프티 칼로리 식품empty calorie food(텅 빈 열량식품)라고 한다. 이런 식품은 주로 가공된 탄수화물과 지방에서 칼로리를 얻게 된다. 최근 이러한 엠프티 칼로리 식품의 섭취가 증가되고 있는데 이는 비타민, 무기질 등 인체에 필요한 필수 영양소의 결핍을 일으키고 비만의 원인이 되고 있다.

감자튀김, 햄버거, 치킨,
핫도그 등 패스트푸드

청량음료, 초콜릿, 케이크,
아이스크림(설탕, 꿀, 고과당 콘시럽 등을 다량 함유)

라면, 스낵류, 팝콘
(가공식품)

흰쌀이나 밀가루로 만든
떡볶이(탄수화물)

3. 식이섬유소

식이섬유는 사람의 소화효소에 의해 소화·흡수되지 못해 예전에는 영양적 가치가 없는 식품성분으로 취급되었다. 하지만 1970년대부터 식이섬유소가 비만, 심혈관계질환, 암, 당뇨 등의 만성질환 발병률과 관계가 있다고 알려지면서 식이섬유의 질병예방 및 건강증진 효과에 대한 연구가 진행되고 있다. 최근에는 기능성 식품에 대한 관심이 높아지면서 탄수화물, 단백질, 지방, 비타민, 무기질, 수분과 함께 '제7의 영양소'라 부른다. 식이섬유소의 주요 기능은 배변활동 개선, 콜레스테롤 조절, 식후 혈당 상승억제 등이다.

1) 식이섬유소 종류와 기능

(1) 불용성 식이섬유소

- 물에 녹지 않으며, 종류로는 셀룰로오스, 헤미셀룰로오스, 리그닌 등이 있다.
- 소화관 내의 체류시간을 단축시키고, 대변의 양을 증가시킨다.
- 밀, 보리, 현미 등의 곡류 바깥층에 주로 존재하며, 브로콜리의 질긴 섬유에 존재한다.

(2) 수용성 식이섬유소

- 물속에서 녹거나 팽윤되어 식물세포가 서로 붙어 있도록 시멘트와 같은 역할을 한다.
- 만복감을 부여하며 포도당의 흡수 지연, 혈중 콜레스테롤의 농도를 낮춰준다.
- 과일, 채소, 두류, 쌀겨에 함유되어 있다. 가공식품 중 샐러드드레싱, 아이스크림, 잼, 젤리 등에 많이 함유되어 있다.

2) 식이섬유소 관련 건강문제

- 식이섬유소는 장기능 개선에 효과가 있어 변비를 예방한다.
- 혈당이 급격히 상승하는 것을 막아 혈당을 서서히 증가시켜 준다.
- 혈중 콜레스테롤을 낮춰주므로 당뇨병 및 심혈관계질환의 발병을 낮출 뿐만 아니라, 비만예방 효과도 있다.
- 영아기 식이섬유소의 영양섭취기준이 설정되어 있지 않지만, 유아기에는 성인의 기준을 적용하여 설정되어 있다. 최근에는 유아의 변비와 비만이 증가함에 따라 식이섬유소 섭취에 유의해야 한다.
- 식이섬유소를 과량 섭취하면 식이섬유소가 칼슘, 아연, 철 등 무기질과 결합하여 필수영양소의 흡수율을 감소시킬 수 있으므로 주의해야 한다.

3) 식이섬유소 급원식품

불용성 식이섬유소
귀리
통밀
강낭콩
대두
보리
현미
감자
브로콜리
고구마
식빵

수용성 식이섬유소
당근
귤
키위
잣
옥수수
사과
감
미역
다시마
피망

Chapter 4
단백질과 지질

1. 단백질
2. 지질

Chapter 4

Chapter 4

단백질과 지질

1. 단백질

단백질의 영어 'protein'은 그리스어의 'proteios(중요한 것)'에서 유래된 것이다. 단백질은 우리 몸의 근육을 구성하고 효소, 호르몬, 항체 등 주요한 기능을 수행하는 생명 유지에 필수적인 물질이며 열량을 공급하는 영양소이다.

1) 단백질과 아미노산

- 단백질은 여러 개의 아미노산이 연결되어 이루어진 거대분자이기 때문에 결합된 아미노산의 종류에 따라서 단백질의 종류가 결정된다.
- 단백질 합성에 필요한 아미노산의 종류는 20가지가 있으며, 체내에서의 합성 여부에 따라 필수아미노산과 비필수아미노산으로 나뉜다.
- 이 중 우리 몸에서 합성되지 않아 반드시 음식을 통해 섭취해야 하는 것을 필수아미노산이라고 한다. 필수아미노산은 성인은 9종류, 어린이는 여기에 한 가지를 더하여 10종류가 있다.

성인 : 트레오닌, 이소류신, 류신, 리신, 트립토판, 발린, 페닐알라닌, 메티오닌, 히스티딘
어린이 : 성인에게 필요한 필수아미노산 9종 외에 아르기닌이 추가로 필요

- 영유아기에는 조직 단백질의 유지, 새로운 조직의 합성 및 성장을 위해 충분한 단백질이 필요하다.
- 신생아는 어린이에게 필요한 필수아미노산 10가지 외에 시스틴과 타우린이 필요하며, 특히 페닐케톤뇨증(PKU) 아기의 경우에는 티로신도 필수아미노산이다.
- 영아기에는 단백질 필요량의 50%가 성장에 이용되는 반면, 2~3세에는 필요량의 11%가 성장에 이용된다.
- 질적으로 우수한 동물성 단백질은 1~3세의 경우 전체 단백질 섭취량의 4/5~2/3로, 4세 이상에서는 1/2~2/3로 하는 것이 바람직하다.
- 1일 체중 kg당 필수아미노산의 필요량은 성인에 비해 1.2~1.5배 정도 높다.

2) 단백질의 종류와 상호보완효과

(1) 완전단백질과 불완전단백질

- 동물성 단백질은 모든 종류의 필수아미노산을 충분히 가지고 있지만 식물성 단백질은 한두 종류의 필수아미노산이 부족하다.
- 육류 및 유제품 등의 동물성 단백질을 질적으로 우수한 완전단백질이라고 하며, 서류 및 곡류 등의 식물성 단백질을 불완전단백질이라고 한다 표 4-1.

표 4-1 | 단백질의 종류와 특징

종류	급원식품	특징
완전단백질	쇠고기, 돼지고기, 닭고기, 고등어, 치즈, 우유, 계란	• 동물성 단백질이 대부분 • 필수아미노산의 함량이 충분하여 정상적 성장과 체중증가 및 생리적 기능을 도와줌
불완전단백질	옥수수, 두부, 콩, 쌀, 밀가루	• 식물성 단백질이 대부분 • 필수아미노산이 1~2개 이상 부족하여 성장지연, 체중감소 등이 발생

(2) 상호보완효과

- 불완전단백질로 이루어진 식사를 계속하면 필수아미노산이 부족하여 체내에서 필요한 생명유지 및 생리조절 작용을 하지 못한다.
- 여러 식품을 골고루 먹으면 한 가지 식품에서 부족하기 쉬운 아미노산을 다른 식품으로부터 보충받을 수 있어 식품 단백질의 질이 향상되고 단백질 체내 이용률이 증가하는 것을 단백질의 상호보완효과라고 한다.
- 불완전단백질인 곡류 단백질을 섭취할 때 필수아미노산 조성이 다른 여러 종류의 식물성 단백질과 혼합하여 섭취하거나 양질의 동물성 단백질과 혼합하여 섭취하는 것을 권장한다.
- 예를 들어 리신이 부족하고 메티오닌이 풍부한 쌀과 리신이 풍부하고 메티오닌이 부족한 콩을 함께 섭취하거나, 리신이 부족한 시리얼과 리신이 풍부한 우유와 함께 먹으면 단백질이 상호 보완될 수 있다 그림 4-1.

그림 4-1 ▸▸▸ 단백질의 상호보완효과

3) 단백질의 기능

(1) 뼈, 근육 등 신체 구성

- 단백질은 신체 성분 중 수분 다음으로 많은 비율인 체중의 약 16%를 차지한다. 따라서 새로운 세포와 조직을 만들어야 하는 성장속도가 빠른 영유아기 시기에는 더 많은 양의 단백질을 섭취해야 한다.
- 영유아의 단백질 섭취기준은 체중 1kg당 0.88~1.52g으로 성인(0.66g/1kg 체중)보다 상당히 높다.

(2) 항체 · 호르몬 · 효소의 생성

- 단백질은 외부의 병원균으로부터 우리 몸을 방어하는 항체를 생성함으로써 면역기능을 높여준다.
- 대사호르몬, 성장호르몬, 갑상샘호르몬 등과 같은 호르몬의 구성성분으로 생명활동을 조절한다.
- 외부 환경에 적응하여 혈압과 혈당의 항상성을 유지하도록 조절한다.
- 체내의 각종 생화학적 반응을 촉매하는 역할을 하는 효소의 구성성분이다.

(3) 체액의 산 · 알칼리 평형 조절

- 단백질은 산성이나 알칼리성 모두 될 수 있는 양성 물질이므로 우리 몸의 상황에 따라 산 또는 염기의 역할을 할 수 있도록 완충작용을 하여 체액을 약알칼리성인 pH 7.4로 일정하게 유지시킨다.

(4) 1g당 4kcal의 에너지 생성

- 우리 몸에 포도당이나 탄수화물 등 에너지원이 부족하면 필요한 포도당을 합성하기 위해 단백질이 이용된다.
- 단백질은 에너지 생성보다는 단백질 고유기능인 신체구성, 면역기능 및 항상성 유지 기능을 담당하는 것이 바람직하므로 단백질이 제 기능을 발휘하기 위해서는 탄수화물도 충분히 섭취해야 한다.

4) 단백질 관련 건강문제

개발도상국이나 저개발국가의 성장기 아동이 단백질-에너지 섭취 부족protein-energy malnutrition : PEM으로 발생하기 쉬운 대표적인 결핍증으로 콰시오커와 마라스무스가 있다 표 4-2 그림 4-2.

표 4-2 | 콰시오커와 마라스무스

콰시오커Kwashiorkor	마라스무스Marasmus
• 저개발 국가의 1~4세에서 흔히 발생하는 심한 단백질 결핍증으로, 동생이 태어나면 첫째 아이가 걸리는 질병이란 의미가 있다. 만 2살 미만 어린이가 동생이 생기면 엄마가 동생을 수유하기 때문에 첫째 아이는 뿌리식품이나 묽은 죽을 먹게 되므로 극심한 단백질 결핍증이 나타난다. • 외관상으로는 성장이 멈추고, 영양실조성 부종이 생겨 배에 복수가 생겨 부풀어 오르고, 팔다리 근육이 감소하며, 머리카락의 변색과 빈혈 및 설사를 동반하는 증상이 나타난다. 지방간, 면역기능 저하, 신경계 이상 등이 발생한다. • 양질의 단백질을 충분히 공급하면 상태가 호전되어 다시 성장을 지속할 수 있다.	• 에너지 섭취가 부족한 극심한 기아상태에서 발생한다. 특히 생후 수개월 안에 모유수유가 중단되어 인공영양이 필요한데도 매우 빈곤하여 이를 지원받지 못하는 아프리카 지역의 6~18개월 아이에게서 주로 발생된다. • 체지방이 감소하여 심하게 마르며 부종이나 간기능 이상은 일어나지 않지만 머리카락이 가늘어지고 체지방, 근육 손실 및 쇠퇴가 나타나며 심하면 감염으로 사망한다. • 만약 생후 1세 미만의 시기에 적절한 영양을 공급받지 못하면 뇌성장이 지연되거나 감소하므로 어른이 되어서도 정상적이지 못하고 지적 성장 장애가 초래된다.

그림 4-2 ▸▸▸ 콰시오커와 마라스무스 비교

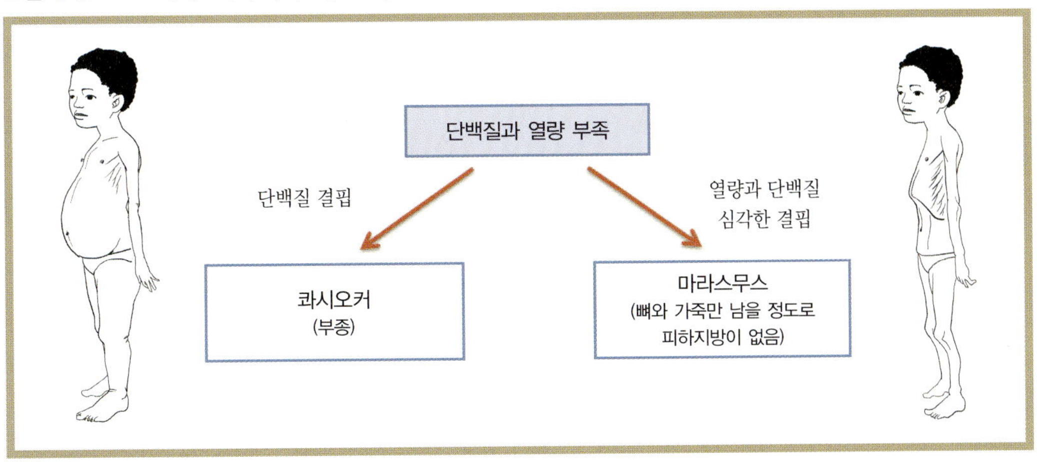

5) 단백질 급원식품

양질의 단백질을 많이 함유하고 있는 동물성 식품으로는 육류, 닭고기, 생선, 우유 및 유제품 등이 있으며, 식물성 식품으로는 콩류 중에서도 대두가 양질의 단백질을 30~40% 함유하고 있어 비교적 우수한 단백질이다. 영유아기에는 전체 단백질 섭취량 중 1/2 이상을 질 좋은 동물성 단백질로 섭취해야 한다.

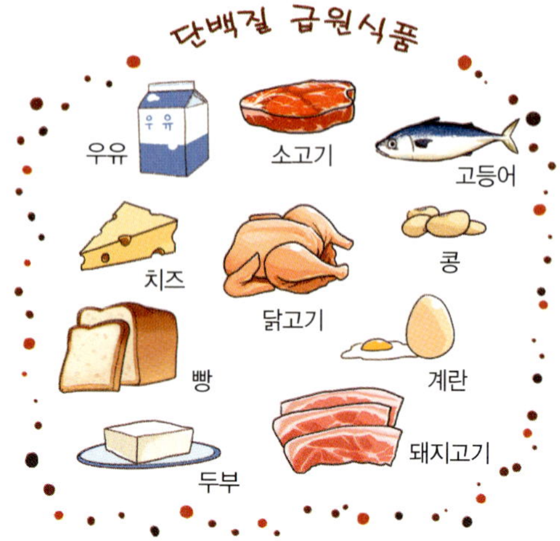

2. 지질

우리의 신체는 탄수화물 · 단백질 · 지질의 섭취를 통해 에너지를 공급받으며, 사용하고 남은 에너지는 지질lipid의 형태로 저장한다. 지질은 1g당 9kcal의 에너지를 생성하는 효율적인 에너지원이며 세포의 구조를 구성하고 기능을 유지하는 데 중요한 역할을 한다. 지질은 농축된 에너지원으로 영아의 에너지 공급에서 상당히 큰 비중을 차지하고 성장에 중요한 영양소이다. 모유 에너지 함량 중 40~50% 정도가 지질로 구성되어 있다.

기름과 지방?

실온에서 액체 상태로 존재하는 지질을 '기름(oil)'이라고 하며 종류로는 콩기름, 옥수수기름, 올리브유, 참기름, 들기름 등이 있다. 실온에서 고체 상태로 존재하는 지질을 '지방(fat)'이라 하며, 주로 동물의 체내에 존재하는 지질로 쇠기름, 돼지지방, 버터, 라드 등이 있다.

1) 지질의 종류

(1) 중성지방

- 식품 중의 지방과 기름은 주로 중성지방 형태로 존재하며, 인체를 구성하는 지방도 95% 이상이 중성지방이다.
- 중성지방은 글리세롤 1분자에 지방산 3개가 한 팀을 이룬 형태로 신체 내에서 끊임없이 분해와 재생산이 반복되어 열량 저장, 절연체, 지용성 비타민의 운반체 등의 역할을 한다.

(2) 지방산fatty acid

- 지방은 지방산의 종류에 따라 지방의 특성이 달라진다. 종류는 이중결합의 유무에 따라 포화지방산과 불포화지방산으로 나뉘는데, 포화지방산으로 구성된 동물성 지방은 실온에서 고체이며, 불포화지방산인 식물성 기름은 실온에서 액체이다 표 4-3.

표 4-3 | 지방산의 종류

<table>
<tr><th colspan="3">분류</th><th>종류</th><th>특징</th><th>급원식품</th></tr>
<tr><td colspan="3">포화지방산</td><td>스테아르산
팔미트산</td><td>이중결합 없음
동물성 지방에 많음
체내 합성 가능
실온에서 고체</td><td>쇠기름, 돼지기름, 라드,
버터, 코코넛기름, 팜유</td></tr>
<tr><td rowspan="5">불포화
지방산</td><td colspan="2">단일
불포화
지방산</td><td>올레산</td><td>이중결합 1개
식물성 지방에 많음
체내에서 합성 가능
실온에서 액체</td><td>올리브유,
카놀라유</td></tr>
<tr><td rowspan="4">다가
불포화
지방산</td><td rowspan="2">ω-6</td><td>리놀레산</td><td rowspan="4">이중결합 2개 이상
체내에서 합성 불가능
실온에서 액체
필수지방산</td><td>옥수수유,
해바라기씨유</td></tr>
<tr><td>아라키돈산</td><td>계란노른자</td></tr>
<tr><td rowspan="2">ω-3</td><td>α-리놀렌산</td><td>콩기름, 들깨기름</td></tr>
<tr><td>EPA, DHA</td><td>등푸른 생선</td></tr>
</table>

필수지방산

필수지방산essential fatty acids이란 신체의 생리적 기능을 정상적으로 수행하고 성장 및 유지에 꼭 필요하지만 체내에서는 전혀 합성되지 않거나 충분한 양이 합성되지 않기 때문에 식품을 통해 반드시 섭취해야 하는 지방산을 말한다. 종류로는 알파-리놀렌산(ω-3)과 리놀레산(ω-6), 아라키돈산(ω-6)의 3가지가 있다.

ω-3 지방산의 보고, 등푸른 생선

ω-3 지방산은 심혈관질환을 예방하고, 암 발생 위험을 낮추고 아동의 행동발달장애 개선에 효과적이며 두뇌신경 발달에 중요한 역할을 한다.

식품 중 등푸른 생선에 ω-3 지방산이 많이 함유되어 있는데, 고등어의 경우 10g만 먹어도 하루 권장량(200mg)을 충분히 섭취할 수 있어 고등어를 먹는 것은 ω-3 지방산의 가장 좋은 공급 방법이다.

생선 속 수은(Hg)

환경오염으로 수은에 오염된 물이 바다로 흘러들어 가면서 생선의 몸에 축적되기 때문에 생선을 고를 때 생선 속의 수은을 고려하여 선택해야 한다.

미국의 경우, 수은에 취약한 임산부와 아이들에게 몸집이 큰 어류인 황새치, 상어, 왕고등어, 옥돔 섭취를 제한하고 있으며, 작은 생선도 일주일에 2~3회 정도만 먹도록 권하고 있다. 우리나라의 경우, 대부분의 생선에서 일반 어패류 수은 잔류허용치(0.5ppm)를 넘지 않았지만 눈다랑어와 황새치 등 대형 어종에서는 수은 함량이 높은 것으로 알려졌다. 다행히 주로 먹는 생선은 수은 함량이 많지 않지만, 생선을 너무 많이 섭취할 경우 몸에 수은이 많이 축적될 수 있다.

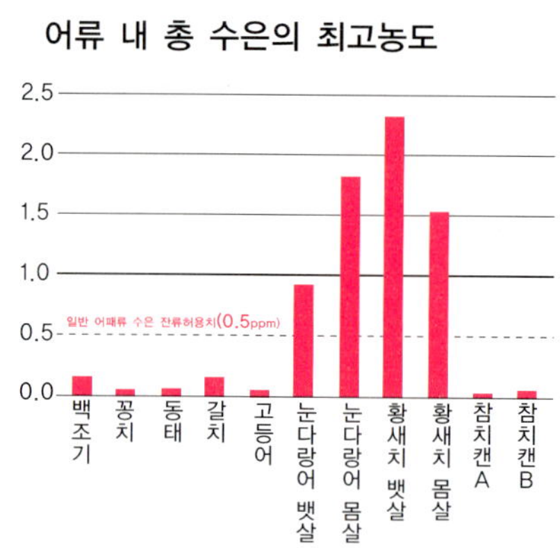

출처 : EBS 다큐프라임 아이의 밥상

(3) 인지질

인지질은 지질의 한 종류로 세포막의 주요 구성성분이며, 다양한 형태의 인지질이 뇌와 신경조직에 많이 존재한다. 대표적인 인지질은 레시틴으로 간, 콩, 계란노른자 등에 많이 함유되어 있고 주로 유화작용을 한다. 신체 내 존재하는 유화제는 레시틴과 담즙산으로, 이들은 섭취된 지방을 분산시켜 지질분해효소lipase가 작용할 수 있게 표면적을 넓혀주어 소화작용을 돕는다.

(4) 스테롤

콜레스테롤

- 동물성 식품에 함유되어 있는 스테롤
- 세포막, 담즙산의 구성성분, 비타민 D의 전구체, 성호르몬의 전구체
- 뇌 신경세포 및 미엘린수초에 다량 함유
- 주요 급원식품은 버터, 육류, 계란 등

피토스테롤

- 식물성 식품에 함유되어 있는 스테롤
- 장내에서 콜레스테롤의 흡수를 감소시키는 효과가 있음

2) 지질의 기능

지질은 소화속도가 느려 만복감을 주며 특유의 향미 성분으로 음식 맛을 좋게 해주는 작용을 한다. 영양학적 기능은 다음과 같다.

(1) 효율적인 에너지원 및 여분의 열량 저장

- 탄수화물이나 단백질이 1g당 4kcal의 에너지를 생성하는 것에 비해, 지질은 1g당 9kcal 에너지를 생성하는 매우 효율적인 에너지원이다. 체내의 지방세포는 지방을 무제한으로 저장할 수 있어 체중의 약 50배까지도 축적할 수 있다.
- 영유아는 체중에 비해 에너지 섭취기준이 높지만 위의 용량이 작아 한 번에 많

은 식품을 섭취할 수 없으므로, 지질의 섭취량을 소량 증가시키면 에너지 섭취 기준을 쉽게 충족시킬 수 있다.

- 1세 미만의 영아는 식사 중 지방 섭취량이 전체 에너지의 약 50%를 차지하는데 이는 신경계의 발달과 소량의 식품으로도 성장에 필요한 에너지를 충분히 공급받기 위해서이다. 영아의 성장과 발달에는 ω-6와 ω-3 지방산도 필수지방산으로 간주되므로 '4~10 : 1'의 비율로 섭취하는 것이 바람직하다.
- 2세 이후부터는 지질로부터 30~40% 정도만 충당한다. 이 시기에 지방 섭취가 제한되면 에너지와 필수지방산, 지용성 비타민의 흡수 저해가 초래된다.

(2) 세포막과 뇌 · 신경조직 구성

- 지질 중 인지질과 콜레스테롤은 세포막과 뇌조직 및 신경조직의 주요 구성성분이며, 콜레스테롤은 호르몬과 담즙산의 전구체이다.
- 임신기부터 영유아기까지는 뇌가 완성되는 시기로, DHA와 아라키돈산의 섭취가 부족할 경우 학습능력이 저하된다는 연구 결과가 보고되었다.

(3) 절연체 및 완충제 역할

- 우리 몸의 피하지방은 절연체 역할을 하여 체온을 일정하게 유지시켜 주며 우리 몸을 보호한다.
- 내장을 둘러싸고 있는 내장지방은 외부로부터의 물리적 충격으로부터 중요한 장기를 보호하는 역할을 한다.

(4) 지용성 비타민의 운반과 흡수

지질은 지용성 비타민을 운반하여 주는 용매로 작용하므로, 지용성 비타민은 지질과 함께 섭취해야 체내에서의 흡수율이 좋아진다.

3) 지질 관련 건강문제

영유아기 지질과 관련된 건강문제로 가장 심각한 것은 영유아 비만이다. 신생아 및 영아기에 발생한 비만의 경우 주로 지방세포 수가 증가하고 이후에는 세포의 크기가 커진다. 세포 수가 증가하는 시기에 발생한 소아비만이 성인비만으로 쉽게 이행되는데, 특히 1세 미만의 영아기와 5~6세에 소아비만이 가장 많이 나타난다(126P 참조).

그러나 영아의 비만은 대부분 돌이 되면서 보통의 체형이 되며 2세까지는 약간 비만하더라고 활발하게 움직이고 기분 좋게 잘 놀면서 점차 비만이 없어지게 되므로 지나치게 걱정할 필요는 없다.

4) 지질의 급원식품

- 식품 중의 지질은 육안으로 식별이 가능한 쇠고기, 돼지고기 등 육류의 비계나 식용유, 버터, 마가린 등의 가시지방 식품 외에도 우유, 소시지, 호두, 치즈, 계란 등 상당량의 지질을 함유하고 있는 비가시 지방 식품이 있다.
- 우리나라에서는 총 에너지 섭취량의 20%를 지질로부터 섭취하고 필수지방산의 결핍을 예방하기 위해 총 에너지 섭취량의 1~2%에 해당하는 양을 필수지방산으로 섭취할 것을 권장한다. 또한 ω-6 : ω-3 지방산의 섭취비율은 '4~10 : 1' 이 되도록 권장하고 있다.

가시지방과 비가시지방

다음 그림에서 비가시지방을 찾아 "V" 해보세요.

트랜스지방산

지방이 많이 함유된 식품 중 포화지방산과 트랜스지방을 섭취하게 되면 혈관에 쌓이는 찌꺼기를 많이 만들어낸다. 혈관에 찌꺼기가 쌓이게 되면 우리 몸에 필요한 산소와 영양소를 공급하는 혈액이 다니는 길이 좁아지게 된다.

일반적으로, 자연계에 존재하는 대부분의 불포화지방산은 시스cis형태이다. 트랜스지방산trans fatty acid은 불포화지방산이 함유된 식물성 기름에 수소를 첨가시켜 마가린이나 쇼트닝을 만드는 과정 중에 형성된다.

식품산업에서는 트랜스지방을 사용하면 음식의 고소한 맛과 특유의 향미로 인해 바삭바삭한 질감을 주게 되며 기름을 오래 사용할 수 있고 유통기간이 연장되기 때문에 많이 사용해 왔다.

최근 트랜스지방산은 일부 암세포의 성장을 촉진하고 심혈관계질환에 대한 위험성을 높인다는 연구 결과들이 발표되었다. 트랜스지방산은 주로 청소년이나 어린이들이 즐겨 먹는 감자튀김, 도넛, 팝콘 등에 함유되어 있기 때문에 우리나라를 포함한 주요 국가에서는 트랜스지방산의 함량을 감소시키려는 노력을 하고 있다.

■ 지방과 트랜스지방, 얼마나 먹어야 할까?

트랜스지방 1일 섭취 제한양은 2.0mg이며 되도록 적게 먹는 것이 좋다.

■ 트랜스지방을 줄이는 5계명

- 밥과 국으로 된 한식을 골고루 먹는다.
- 간식으로 지방이 적은 고구마나 과일을 먹는다.
- 기름에 튀긴 음식은 조금만 먹는다.
- 육류는 지방이 적은 부위를 선택한다.
- 가공식품을 먹을 경우 영양표시에서 지방 함량을 반드시 확인한다.

■ 지방과 트랜스지방이 많은 식품

출처 : 식품의약품안전처

Chapter 5

비타민, 무기질 및 수분

1. 비타민
2. 무기질
3. 수분

Chapter

5

Chapter 5

비타민, 무기질 및 수분

1. 비타민

비타민은 정상적인 생리 및 대사, 신체 유지를 위해 적은 양이지만 절대적으로 필요한 조절 영양소로, 다양한 보조효소로서 기능을 한다. 즉 체내에서 탄수화물, 단백질, 지방 등 3대 열량 영양소의 대사를 도와주는 효소나 조효소로 작용하며 생리 기능을 조절하는 역할을 한다. 대부분 비타민은 체내에서 합성이 거의 되지 않기 때문에 반드시 식품의 형태로 섭취해야 한다.

- 비타민은 크게 지용성과 수용성으로 구분하는데, 지용성 비타민은 지방이나 지방을 녹이는 유기용매에 녹는 비타민으로서 비타민 A, D, E, K가 이에 속한다. 수용성 비타민은 물에 녹는 비타민으로서 비타민 C와 B복합체(B_1, B_2, 나이아신, B_6, B_{12}, 엽산, 판토텐산, 비오틴)가 있다 표 5-1 .
- 모유에는 비타민 B_1과 B_2, B_6가 적게 함유되어 있기 때문에 이 비타민들은 보충해 주어야 한다. 특히 이 비타민들은 수유부의 섭취량에 따라 영향을 받으므로 수유부의 균형 잡힌 영양 섭취가 필요하다. 한편 비타민 C는 모유에 풍부하게 함유되어 있으며 영아기의 세포 내 호흡작용, 콜라겐 생성 및 괴혈병 예방 등의 역할을 한다.

표 5-1 | 지용성 비타민과 수용성 비타민

	지용성 비타민	수용성 비타민
종류	비타민 A, D, E, K	비타민 B군(B_1, B_2, 나이아신, B_6, B_{12}, 엽산, 판토텐산, 비오틴), 비타민 C
성질	지방에 녹음	물에 녹음
흡수와 운반	림프로 먼저 들어간 후 혈류로 흡수되며 단백질 운반체가 필요함	혈류로 직접 흡수되며 혈액 내에서 자유로이 운반됨
과량 섭취 시	체내의 간이나 지방조직에 저장되며 과량 섭취 시 독성이 나타남	체내에 저장되지 않고 쉽게 소변으로 배출되며 비교적 독성이 적음
결핍 시	결핍 증세가 서서히 나타나므로 매일 공급해 주지 않아도 됨	체내에 저장되지 않으므로 매일 필요량을 공급해야 함

1) 지용성 비타민

- 지용성 비타민은 지방과 유사한 구조를 지니고 있어 지방과 함께 흡수된다. 즉, 지방의 흡수나 대사가 원활해야 지용성 비타민도 잘 흡수된다.
- 지용성 비타민은 체내의 간이나 지방조직에 저장되고 극히 소량만 배설되기 때문에 과량 섭취 시 독성이 나타날 수 있다. 결핍 시에도 체내에 축적된 양이

표 5-2 | 지용성 비타민

비타민	체내 기능	결핍증	독성	급원식품
A	시각, 세포분화, 성장, 면역	야맹증 안구건조증 건조한 피부 성장부진	두통, 탈모, 입술 균열, 피부 건조 및 가려움증, 간장 비대, 골관절 통증, 최기형성, 기형	동물의 간, 어유, 계란, 황색 채소, 해조류, 과일
D	칼슘 항상성 유지 뼈에 칼슘 축적	구루병 골연화증 골다공증	연조직의 석회화, 성장 저해, 고칼슘혈증 및 고칼슘뇨증, 신장결석	생선간유, 정어리, 난황, 버터, 버섯, 이스트
E	항산화제	용혈성 빈혈	독성 높지 않음	식물성 기름, 배아, 견과류, 마가린, 간
K	혈액응고 뼈단백질 합성	출혈		녹색 채소

있어 결핍 증세가 서서히 나타나므로 매일 공급해 주지 않아도 된다.

- 지용성 비타민의 체내 기능 및 결핍증, 급원식품은 표 5-2 와 같다.

2) 수용성 비타민

수용성 비타민은 소장 상피세포를 통해 물과 함께 쉽게 흡수되어 체내에서 이용된다. 사용하고 남은 여분의 수용성 비타민은 소변으로 배출되므로 독성이 없다고 알려졌으나, 과량 섭취에 의한 잠재적 독성을 감안하여 안전한 범위에서 섭취하도록 권장하고 있다. 수용성 비타민은 크게 비타민 C와 비타민 B복합체로 나눌 수 있는데, 부족 시 결핍증이 쉽게 발생하지만 다시 보충하면 정상으로 회복된다.

수용성 비타민의 체내 기능 및 결핍증, 급원식품은 표 5-3 과 같다.

표 5-3 | 수용성 비타민

비타민		체내 기능	결핍증	급원식품
비타민 B군	티아민	당질 대사의 조효소	각기병(건성·습성)	돼지고기, 강화 곡류, 전곡류, 견과류, 종실류
	리보플라빈	열량 대사의 조효소, 전자전달계 작용	입과 혀의 염증 구순구각염	우유, 버섯, 시금치, 간, 강화 곡류
	나이아신	당질 산화, 지방산의 합성과 분해 관련 조효소 전자전달계 작용	펠라그라	육류, 가금류, 어류, 강화 곡류, 전곡으로 만든 빵이나 시리얼
	비타민 B_6	아미노산 대사의 조효소	치매, 빈혈	동물성 단백질 식품, 시금치, 바나나, 연어
	엽산	RNA와 DNA 대사의 조효소 적혈구 형성에 관여	거대세포성 빈혈, 기형	푸른잎 채소, 간, 강화 곡류
	비타민 B_{12}	RNA와 DNA 대사의 조효소 적혈구 형성에 관여	악성빈혈, 신경계질환	동물성 식품, 강화 시리얼
비타민 C		항산화기능, 콜라겐 합성, 철 흡수 촉진	괴혈병, 상처 치유 지연	과일, 해조류

2. 무기질

무기질은 체내에서 약 4%를 차지하고 있으며, 신체조직을 구성하고 체내 대사과정과 효소작용을 조절하고 신경의 자극전달에 관여한다 그림 5-1.

그림 5-1 ▸▸▸ 무기질의 기능

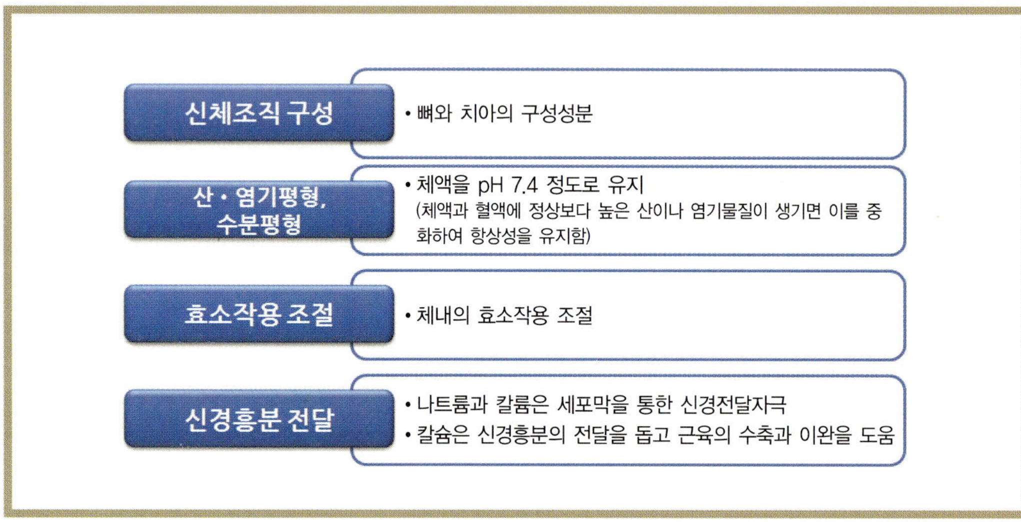

그림 5-2 ▸▸▸ 다량무기질과 미량무기질의 체내 함량

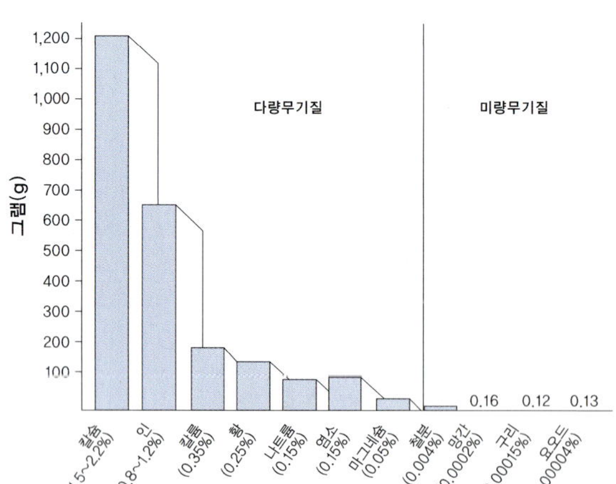

우리 몸을 구성하거나 체내에서 중요한 생리작용을 하는 무기질은 10여 종으로, 무기질은 하루 필요량이 100mg 이상인 다량무기질(칼슘, 인, 마그네슘, 염소, 칼륨)과 100mg 이하인 미량무기질(철, 아연, 구리, 요오드, 불소, 망간, 셀레늄, 몰리브렌)로 분류된다.

1) 다량무기질

(1) 칼슘 · 인 · 마그네슘

- 인체 내 무기질 중 칼슘과 인, 마그네슘, 그리고 비타민 D는 골격의 형성과 성장에 매우 중요하다. 칼슘(99%)과 인(85%)은 골격과 치아를 구성하고, 마그네슘은 인과 함께 염을 형성하여 골격 조직의 견고성을 유지하게 한다. 그리고 비타민 D는 자외선에 의해 활성화되어 뼈가 칼슘을 잘 흡수할 수 있도록 도와준다 표 5-4.

표 5-4 | 칼슘 · 인 · 마그네슘의 기능과 급원식품

종류	기능		결핍증	과잉증	급원식품
칼슘	뼈, 치아의 구성	혈액응고, 신경전달 근육수축, 세포대사	골다공증	신장결석	우유 및 유제품 뼈째 먹는 생선(멸치) 녹색 채소, 칼슘 강화 식품
인		세포의 구성성분 (인지질과 핵산) 대사 중간물질 산 · 염기평형	골격 손상 기능성	골격 손실	대부분의 식품에 풍부
마그네슘		효소의 구성성분, 신경과 심장근육에 작용	허약, 근육통 심장기능 약화 신경장애	허약 증세	전곡류, 녹황색 채소 견과류, 콩류

- 뼈는 생성과 파괴가 동시에 진행되는 매우 복잡한 신진대사 과정을 거치는데, 이는 주로 뼈를 생성하는 조골세포와 뼈를 분해하는 파골세포가 담당한다. 성장기에는 조골세포가 우세하여 뼈 형성이 잘되지만 나이가 들면서 이 균형은 반대로 되어 간다.
- 칼슘을 지나치게 많이 섭취하면 인과 마그네슘의 흡수가 저하된다. 반대로, 인을 많이 섭취하고 칼슘을 적게 섭취하면 칼슘 배설이 증가해 흡수율이 낮아지므로 뼈가 분해되어 뼈의 손실을 가져온다. 최근 가공식품과 탄산음료의 소비 증가로 인해 인의 과잉 섭취가 우려된다.

- 마그네슘 섭취량이 부족하면 혈액 내 칼슘도 감소해 골다공증의 위험이 증가할 수 있다.
- 비타민 D는 자외선에 의해 활성화되어 장에서 칼슘을 잘 흡수할 수 있도록 도와준다 표 5-5.

표 5-5 | 칼슘 흡수에 영향을 미치는 요인

촉진요인	저해요인
• 비타민 D, 비타민 C, 포도당, 유당 • 아동기, 임신기 • 낮은 칼슘 섭취 • 칼슘 : 인 비율(1 : 1~2) • 소장 내의 산성 환경 • 부갑상샘호르몬, 에스트로겐	• 비타민 D 결핍, 탄닌, 과량의 식이섬유, 피틴산, 수산, 지방산 • 폐경, 노인 • 칼슘에 비해 과량의 인, 철, 아연 • 소장 하부의 알칼리성 환경 • 운동부족 및 스트레스

(2) 나트륨

- 나트륨은 소금의 구성성분으로 산 · 염기평형, 삼투압 조절을 한다.
- 나트륨을 과잉 섭취하면 부종을 일으키고, 고혈압 등의 원인이 된다.
- 나트륨의 기능과 급원식품은 표 5-6과 같다.

표 5-6 | 나트륨의 기능과 급원식품

주요 기능	결핍증	과잉증	급원식품
수분평형 산 · 염기평형 신경자극전달	근육경련 식욕감퇴	고혈압 고칼슘뇨증	식염, 장류, 화학조미료, 젓갈, 라면 등 가공식품

어린이도 짜게 먹으면 안 좋은가요?

연령에 상관없이 지나친 소금의 섭취는 혈압을 높이는 등 건강에 좋지 않다. 특히 부모는 아이가 얼마나 많은 소금을 섭취하고 있는지 관심을 가지는 것이 중요하다.

선진국에서는 1~3세의 유아들은 소금을 하루에 2g(나트륨으로는 0.8g) 이상 과다 섭취하지 않도록 권고한다. 이를 위해서는 시리얼이나 과자 등 가공식품의 나트륨 함량이 얼마나 되는지 제품 중의 영양표시정보를 주의 깊게 살펴보는 것이 필요하며, 어린이들에게 간식으로 스낵류 대신 과일, 채소 등을 주어야 나트륨의 섭취를 줄일 수 있다.

우리가 자주 먹는 음식 속의 나트륨 함량(나트륨 2,000mg = 소금 5g)

음식	나트륨	음식	나트륨	음식	나트륨
칼국수 1그릇	2,900mg	자반고등어찜 1토막	1,500mg	피자 1조각(200g)	1,300mg
우동, 라면 1그릇	2,100mg	배추김치 100g(10조각)	1,000mg	더블버거 1개(200g)	900mg
물냉면 1그릇	1,800mg	김밥 1줄	850mg	햄 3조각(60g)	800mg
된장찌개 1그릇	960mg	멸치볶음(멸치 15g)	650mg	롤케이크 2조각	500mg
참치김치찌개 1그릇	900mg	돼지불고기(등심 50g)	600mg	감자칩 1봉지	500mg
배추된장국 1그릇	750mg	동치미 1그릇	600mg	치즈 1조각(20g)	200mg
		오징어젓갈	600mg		

출처 : 식품의약품안전처

2) 미량무기질

미량무기질은 체중의 0.005% 미만으로 존재하고 하루 필요량도 매우 적지만 인체의 생명 유지에 필수적인 영양소이다. 다시 말해 미량무기질은 우리 몸에는 매우 적은 양이 필요하지만 장기간 결핍되거나 과다 섭취하면 결핍증이나 중독이 발생한다. 그러므로 미량무기질을 적정량 섭취하기 위해서는 다양한 식품을 섭취하는 것이 좋다.

(1) 철

- 저장된 철의 70%는 적혈구의 헤모글로빈에 존재하는데, 헤모글로빈은 적혈구

의 구성성분으로 산소를 운반한다. 또한 철은 신경전달물질과 콜라겐 합성에 관여하며 뇌발달과 정상적인 면역기능을 유지하게 해준다.

- 철 중독은 식품 섭취로 발생하지는 않으나, 유아가 성인용 철보충제를 섭취하거나 과잉의 영양보충제를 섭취한 경우 일어날 수 있다.
- 영아는 태어나서 생후 3~4개월까지는 철을 충분히 보유하고 있지만 5~6개월이 되면 철 결핍이 온다. 모유에는 철이 소량 함유되어 있지만 흡수율이 49% 정도로 높으므로 4~6개월부터 철을 보충하여 준다. 반면, 우유와 조제유는 철 흡수율은 각각 10%, 4%로 매우 낮은 편이기 때문에 철이 강화된 조제유를 이용하는 것이 좋다.
- 조제유와 이유식을 더 이상 섭취하지 않는 2세가 되면 식사에 철을 함유한 식품이 부족해져서 철결핍성 빈혈의 위험이 높아진다.

(2) 아연

- 아연은 신생아의 체내에 저장되어 있지 않으므로 태어나자마자 아연을 섭취해야 하며 신체 내 아연의 요구량은 남아가 여아보다 더 높다. 모유에 함유되어 있는 아연의 생체 이용률은 약 60%로 매우 높지만, 조제유의 아연 생체 이용률은 25~50% 정도로 모유에 비해 낮다.
- 아연이 결핍되면 성장발달 및 성적 성숙 저하, 식욕부진, 면역기능 저하, 상처 회복 지연, 미각 및 후각 감퇴, 눈의 암적응 능력 저하 등이 나타나게 되는데, 특히 성장기 아동에게는 설사를 유발하여 영양소 흡수를 저하시킬 수 있다.

(3) 요오드

- 요오드 결핍 초기에는 갑상샘 기능이 저하되고, 만성적으로 이어지면 티록신이 정상적으로 합성되지 않아서 갑상샘이 비대해지는 단순갑상샘종이 발생한다. 임신기에 요오드가 결핍될 경우 태아의 뇌가 정상적으로 발달하지 못하고 출생 후에도 정신박약, 성장지연, 왜소증, 갑상샘기능저하 등의 크레틴병이 유발될 수 있다.
- 요오드를 과잉 섭취하면 갑상샘기능항진증이나 바제도Basedow병이 발생할 수 있다.

표 5-7 | 미량무기질의 요약

종류	주요 기능	결핍증	과잉증	급원식품
철	헤모글로빈 성분, 면역기능, 인지발달	철결핍성 빈혈	혈색소증	육류, 해산물, 강화 시리얼
아연	효소의 구성요소 생체막 구조와 기능 유지	성장지연 피부발진 식욕부진	설사, 근육경련 면역기능 저하	굴, 새우, 게, 육류, 전곡류
요오드	갑상샘호르몬의 성분	갑상샘종	갑상샘기능항진증, 갑상샘중독증	해조류, 생선, 요오드 강화 소금

산성 식품과 알칼리성 식품

식품은 산도(pH)에 따라 산성과 알칼리성으로 나누기도 하지만, 구성 무기질에 따라 산성 식품과 알칼리성 식품을 나눈다. 어떠한 식품을 연소시켰을 때 최종적으로 남는 원소가 무엇인지에 따라 산성 식품과 알칼리성 식품으로 구분한다.

- 나트륨(Na^+), 칼륨(K^+), 칼슘(Ca^{2+}), 마그네슘(Mg^{2+})과 같은 염기성 원소를 남기면 알칼리성 식품이라 하며 대부분의 과일, 채소, 버섯, 해조류가 여기에 속한다.
- 염소(Cl^-), 인(P^{3-}), 황(S^{2-})과 같은 산성 원소를 남기면 산성 식품이라 하는데 어패류, 육류, 곡류, 유지류 등의 식품이 여기에 속한다.

예를 들어 레몬은 구연산과 같은 유기산에 의해 신맛이 강하며 pH 2인 산성이다. 그러나 레몬을 구성하는 무기질은 주로 K^+인데, K^+는 몸속에 남아 알칼리성을 나타내므로 알칼리성 식품이다.

• 우리가 먹고 있는 일상식은 산성과 알칼리성을 동시에 공급하게 되므로 건강한 사람의 경우에는 일시적으로 산성 식품을 과다하게 섭취하더라도 혈액에 존재하는 완충제에 의해 재빠르게 중화되므로 걱정하지 않아도 된다. 그러나 질병 때문에 산·염기 조절기능이 떨어지면 산성 혈액증이나 알칼리성 혈액증이 올 수도 있다.

■ **체액의 산도**

건강한 사람의 혈액
혈액의 pH가 7.35~7.45의 범위 내에서 일정하게 유지되어 세포 대사가 정상적으로 일어남

산성증
혈액의 pH가 7.3 이하

알칼리증
혈액의 pH가 7.55 이상

사망
혈액의 pH가 8.0 또는 6.8

3. 수분

수분은 탄수화물, 단백질, 지방, 비타민, 무기질과 함께 6대 영양소의 하나이다. 수분은 신체를 구성하는 성분 중 가장 많은 부분을 차지하고 있는데, 영아기 때는 70% 정도 차지하나 성인이 되면 50~60% 정도로 감소한다. 노인이 되면 더 감소하며, 남성에 비해 여성의 총 수분 함량이 적은데, 이는 근육조직이 줄어들기 때문이다 그림 5-3.

그림 5-3 ▸▸▸ 신체 내 수분 함량

1) 수분의 기능

- 수분은 신체구성(60~70%) 역할뿐 아니라 세포질의 기본 성분이며, 체내에서 진행되는 다양한 반응에 사용되는 화학물질을 녹이는 용매 역할을 하고, 영양소와 노폐물을 운반한다.
- 체온 유지, 체액의 전해질 농도와 산·염기평형 유지, 외부 충격으로부터 장기 보호(예: 눈의 수정체, 태아를 보호하는 양수, 뇌척수액), 윤활유 역할(예: 위장관, 호흡계, 관절액) 등의 작용을 한다.

2) 수분의 필요량

- 사람은 식품을 섭취하지 않으면 약 8주 정도 버틸 수 있으나 물은 다른 영양소와는 달리 체내에 저장할 수 없으므로 며칠만 마시지 못해도 생명을 유지할 수 없다. 전체 수분량의 2%가 손실되면 갈증을 느끼고, 4%가 손실되면 근육피로가 야기되고, 12%가 손실되면 무기력 상태가 되며, 20% 이상 손실되면 사망에 이를 수도 있다.
- 특히 영유아는 성인에 비해 대사가 활발하고 체표면적이 넓어 수분증발이 빠르며, 또한 신장기능이 미숙하여 소변 농축 기능이 떨어져 소변으로 다량의 수

분이 손실되므로 충분한 수분을 섭취할 수 있도록 부모가 신경 써서 공급해 줘야 한다. 영아의 수분 손실 중 피부와 호흡으로 상실되는 불감수분손실은 60%에 이르며, 이는 성인의 불감수분손실인 40~50%보다 더 높다. 특히 외부의 기온이 높거나 체온이 높아지면 수분 손실이 더욱 증가한다.

3) 수분평형

- 영유아의 수분평형을 위해서 하루 1,100~1,900mL의 수분이 필요하다 그림 5-4.
  - 수분 섭취량 : 물이나 액체 형태로 섭취하는 것이 700~1,000mL,
    식품으로 250~650mL 섭취
    체내 대사과정 중에 생성된 수분이 약 150~250mL
  - 수분 배설량 : 소변으로 약 600~1,100mL,
    피부와 호흡으로 약 450~650mL,
    변으로 약 50~100mL

그림 5-4 ▸▸▸ 하루에 필요한 수분량

- 유아, 어린이, 노인의 경우 수분을 더 많이 섭취해야 한다. 운동이나 발열로 체온이 오른 경우, 임신이나 수유, 짠 음식 · 카페인 · 알코올음료 섭취, 약물 복용 시 수분의 필요량이 증가한다.

Chapter 6

영유아기의 영양평가

Chapter 6

Chapter 6

영유아기의 영양평가

1. 영양평가의 의의

영유아는 일생 중 가장 빠른 성장과 발달을 보이는 시기로, 이 시기의 질환이나 사고는 일생 영향을 미치기 때문에 예방과 조기진단이 중요하다. 또한 이 시기에 형성된 생활습관은 평생 굳어지기 쉬우므로 이후의 만성 성인질환 예방을 위해서도 어릴 때부터 건강생활에 대한 교육이 특히 중요하다.

모든 성장기에 있는 어린이는 영양공급과 성장발달 정도를 측정하기 위해 정기적인 영양평가가 필요하다. 영양평가의 내용에는 신체계측, 임상조사, 식사조사와 생화학적 검사 등의 항목이 있으며 이러한 평가를 기초 영양평가라 한다. 영양평가를 통해 정상적인 성장의 이상, 영양결핍 및 과잉영양 등의 영양문제와 질환적인 문제는 수정·보완해야 한다. 또한 이후 반드시 이를 확인하는 추적 영양평가가 이루어져야 한다.

1) 기초 영양평가

(1) 정기 영양평가

정기 영양평가란 성장기에 있는 모든 영유아를 대상으로 적절한 영양 섭취와 성장이 잘되고 있는지를 정기적으로 평가하는 것으로 영양에 관한 기초적인 항목을 평가한다.

(2) 선별 영양평가

정상적인 성장곡선의 범위에서 벗어나거나, 특정 질환을 현재 앓고 있거나 혹은 특정 질환을 앓았던 내력이 있는 영유아를 대상으로 실시하는 평가이다. 질병 여부에 따라 영양에 대한 심층 평가와 특수 평가로 구분할 수 있다 표 6-1 .

표 6-1 | 영양평가의 항목과 내용

항목	정기평가	선별 평가	
		심층 평가	특수 평가
평가대상	모든 영유아	정상적인 성장곡선을 따라 성장하지 못하는 영유아	질병 또는 건강상의 문제가 발견된 영유아
평가목표	정상적인 신체발육 확인	영양적인 문제 파악	질병의 상태에 따른 영양적 문제 파악
신체계측	1) 신장, 체중, 두위 2) 성장곡선 작성	1) 신장, 체중, 두위 2) 피부두께, 상완둘레, 흉위, 상 · 하체 비율 3) 성장곡선 작성	1) 신장, 체중, 두위 2) 피부두께, 상완둘레, 흉위, 상 · 하체 비율 3) 성장곡선 작성
신체관찰	1) 외관 2) 건강 내력	1) 외관 2) 건강 내력 3) 전문의 진찰	1) 외관 2) 건강 내력 3) 전문의 진찰 4) 특수질환에 관한 임상검사
식사내용	1) 식품 종류와 양 2) 조리 방법 3) 섭취 방법 4) 보조 영양제의 내용	1) 음식일지	1) 음식일지
생화학적 검사	1) 적혈구 계산(CBC) 헤모글로빈 헤마토크릿 2) 요검사	1) 빈혈에 대한 검사 2) 요검사 3) 혈청단백, 지질, 당, 전해질 4) 간기능검사	1) 특수질환에 관한 정밀검사

① 심층 평가

정상적인 성장곡선을 따라 성장하지 못하지만 질병은 없다고 판명된 영유아를 대상으로 실시하는 평가이며, 이를 통해 숨어 있는 질병이나 단순한 영양학적인 문제를 식별한다. 전문의의 진단을 반드시 포함하며, 정기적인 영양평가보다는 광범위하게 평가한다.

② 특수 평가

이 평가는 질병 또는 건강상의 문제가 발견된 영유아를 대상으로 실시한다. 심층평가와 평가기준은 비슷하지만 특수 질병 및 질환에 대한 정밀검사가 요구된다.

2) 추적 영양평가

기초 영양평가의 항목에 추가적으로 평가 대상의 나이 및 영양상태, 질병의 유무에 따라 조율된 평가항목을 실시하며, 성장곡선과 식사상태를 장기적으로 기록해야 한다.

국민건강보험공단의 영유아건강검진 프로그램

우리나라에서는 2007년부터 영유아건강검진 사업을 실시하고 있는데 이는 질병치료보다는 질병예방 중심의 국가 보건복지정책을 반영한다.

영유아건강검진은 6세 미만의 전체 영유아를 대상으로 영유아의 성장발달이 정상적으로 이루어지고 있는지를 주기적으로 평가하고 감시하며, 연령별로 예측 가능한 육아지침anticipatory guidance을 제공하는 것을 골자로 5회의 일반검진과 2회의 구강검진으로 구성되어 있다.

일반검진	4개월	9개월	18개월	30개월	5세
구강검진			18개월		5세

목표질환 : 성장 · 발달이상, 안전사고, 청각 · 시각이상, 영양과잉 · 결핍, 구강질환
검진항목 : 신체계측 및 진찰, 발달선별검사, 평가상담, 건강교육, 구강검진

2. 영양평가의 내용

영양평가를 할 때에는 신체계측anthropometry, 생화학검사biochemical test, 임상조사clinical observation, 식사조사dietary survey 등을 실시하게 되는데, 이 과정을 ABCD 접근법이라고 부른다.

1) 신체계측에 의한 평가

표 6-2 | 신체계측방법

항목	적용연령	측정방법	기준
체중	2세 미만	• 30kg 미만의 바구니 체중계를 사용한다. • 옷을 입히지 않고 측정하거나 최소한의 속옷만 입힌 뒤 측정하여 속옷의 무게를 빼도록 한다.	• 120% 이상 : 과체중 • 3백분위 미만 : 저체중
	2세 이상	• 100kg 미만의 체중계를 사용하여 가벼운 속옷만을 입고 측정한다.	
신장	2세 미만	눕힌 자세로 측정한다.	3백분위수 미만 : 저신장, 성장부진
	2세 이상	세운 자세로 측정한다.	
머리둘레	모든 연령	줄자를 이용하여 이마의 가장 튀어나온 부위와 뒤통수의 정점을 지나는 최단 둘레를 측정한다.	• 3백분위수 미만: 소뇌 장기간의 심한 영양결핍을 뜻하며 두뇌발육부진을 동반한다.
피부두께	모든 연령	캘리퍼를 사용하여 상완 뒤쪽 삼두근의 피부두께를 3회 측정하여 평균값을 낸다.	• 95 백분위수 이상 : 비만 • 3 백분위수 미만 : 저체중
상완둘레	36개월 이상	• 상완의 중간 부분을 측정한다. • 피부두께와 상완둘레를 이용하여 상완근육둘레와 면적을 구한 값으로 영양평가를 한다.	5% 미만 : 영양불량
가슴둘레	모든 연령	줄자를 이용하여 겨드랑이와 유두점을 지나는 최단 거리를 측정한다.	
앉은키	모는 연령	정수리에서 엉덩이까지의 길이를 측정한다.	

출처 : 아동영양학. 김일옥 · 최경순, 2008. 재구성

(1) 신장과 체중 측정

신장과 체중은 모든 연령대로부터 영양상태를 판단할 수 있는 간단하면서도 가장 객관적인 기본 자료이다. 2세 미만 영유아의 경우 누운키를 측정하며, 2세 이상의 유아는 서서 신장을 측정하도록 한다. 최근에는 신장과 키를 동시에 측정할 수 있는 계측기를 많이 이용한다.

① 신장 측정

- 2세 미만 영유아의 신장
  - 똑바로 눕힌 후 얼굴을 앞으로 향하도록 하여 측정선과 몸이 평행이 되도록 한다.

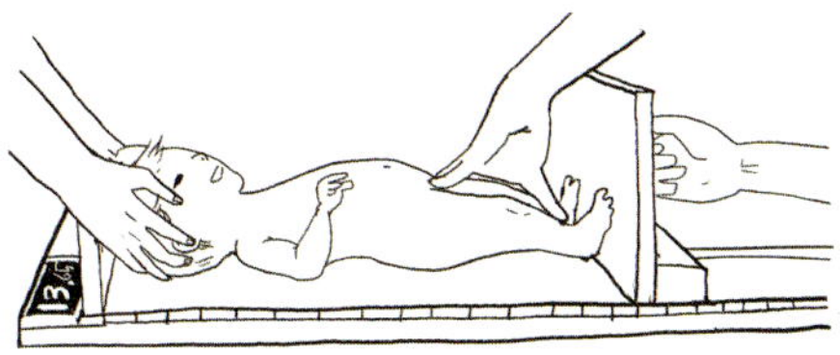

  - 신장은 정확히 측정하기 위해서는 두 명의 측정자가 측정하는 것이 좋다. 머리는 정중면을 향하도록 하며, 이때 한 사람은 측정자로 머리를 고정시킨다. 다른 한 사람은 피검자의 무릎을 반듯이 펴지게 누른다. 발을 수직으로 똑바로 펴서 발 부위의 측정판을 움직여 발뒤꿈치에 완전히 붙인 다음 측정판에 표시된 신장의 측정치를 읽는다.
  - 누워서 측정한 신장은 서서 측정한 신장에 비해 측정치가 0.7cm 정도 크므로 유아를 눕혀서 측정한 경우라면 표준성장도표에 비교할 때나 체질량지수를 계산할 때 0.7cm 뺀 값을 신장으로 이용해 평가해야 한다.

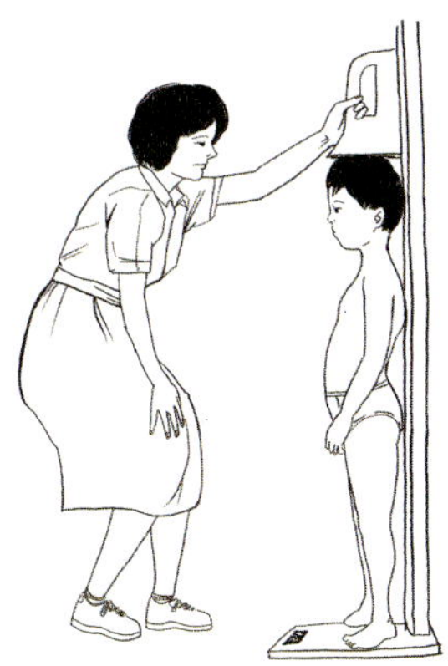

- 2세 이상 유아의 신장
  - 유아는 간편한 복장 또는 속내의(런닝과 팬티만 착용) 상태로 측정한다.
  - 유아를 수평면에 곧바로 세우고 발뒤꿈치, 엉덩이, 등, 머리의 뒷부분이 수직판에 닿게 한다.

- 머리는 정면을 보게 하여 소위 프랑크포르트 수평면Frankfort Horizontal Plane 에 위치하도록 한다.
- 계측기에 표시된 눈금의 수치를 0.1cm 단위로 읽는다.

② 체중 측정

체중은 전자식 저울을 사용해 측정한다.

- 저울은 바닥이 평평하고 단단한 곳에 놓고 수평 위치를 잡고 영점 조정을 시행한다.
- 영유아는 속내의만을 입히거나 될 수 있으면 팬티만 입게 한다.
- 유아를 발판 위에 올라서 체중이 양쪽 발에 골고루 분포되도록 가만히 서 있게 하고 눈금을 100g 단위로 읽는다.
- 엄마가 아이를 앉고 함께 측정하는 경우에는 측정 후 엄마의 몸무게를 뺀다.

③ 머리둘레(두위) 측정

머리둘레는 줄자를 이용하여 이마에서 가장 튀어나온 부분과 뒤통수의 후두 정점을 최단거리로 연결하는 가장 큰 둘레를 측정한다. 측정기구로는 줄자를 이용한다.

신장의 증가와 머리둘레가 밀접한 관계에 있는 2세까지만 영양상태를 평가하는 수단으로 사용한다. 2세 이후에는 신장에 비해 머리둘레의 성장속도가 급격히 늦어지므로 영양상태의 적절한 평가수단이 되지 못한다.

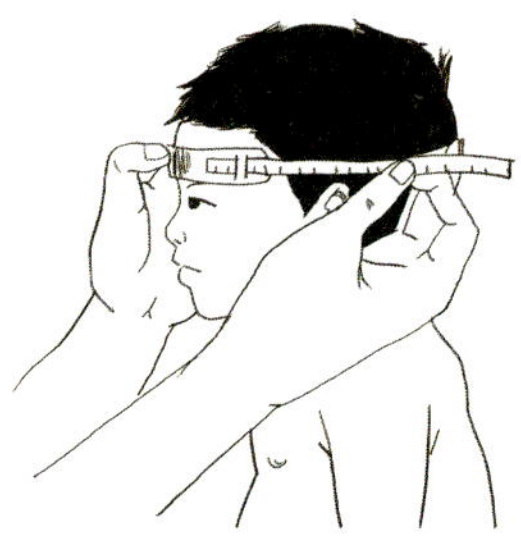

④ 신장과 체중 계측 평가

성장곡선을 구성하는 기본 항목은 신장과 체중이므로 이 두 가지 측정치로 영양 문제를 어느 정도 예측할 수 있다.

- 키에 비해 체중이 적은 경우를 급성 영양불량 상태라 하고, 나이에 비해 키가

작은 경우를 만성적인 영양부족 상태라고 한다.

• 머리둘레가 작은 것도 장기적인 영양부족을 의미한다.

(2) 피부두겹두께 측정(체지방 측정법)

체지방의 50% 정도는 피하에 존재하므로 피부두께를 측정한다. 이것은 체지방량을 측정하는 가장 쉬우면서 신뢰도가 높은 측정법이다. 상완 뒤쪽 삼두근 주위를 캘리퍼caliper로 세 차례 측정한 뒤 그 평균값으로 피부두께를 산정한다.

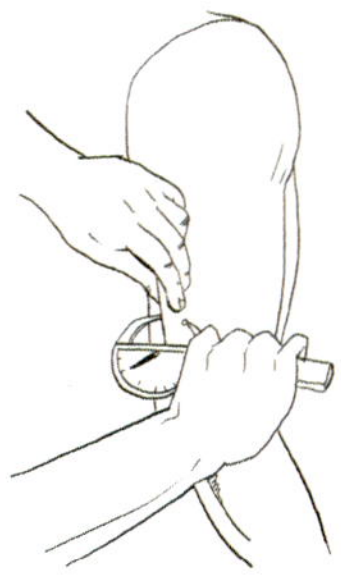

어깨와 손목 사이의 부분으로 꺾어지는 팔꿈치에서 위쪽을 상완, 아래쪽을 전완이라 함

■ 체지방 계측 판정

• 피하지방 측정은 키에 대한 체중이 90% 이상이거나 10% 미만인 경우 사용

• 평균치가 5% 미만은 영양 결핍, 5~15%는 결핍위험군, 85% 이상은 비만 위험군으로 분류

• 표준값에 대한 백분율이 90% 이상이면 정상, 50~90%는 경한 결핍, 30~50%는 중증도 결핍, 30% 미만은 심한 결핍으로 분류

(3) 상완둘레 측정(체단백질량 측정법)

■ 상완둘레(팔둘레) 측정은 체단백질량을 측정하는 가장 간단한 방법이다.

■ 상완둘레는 상완의 중간 부분을 줄자로 2회 이상 측정하여 그 평균값으로 결정한다.

(4) 가슴둘레(흉위) 측정

■ 줄자를 이용하여 겨드랑이 밑부분과 유두점을 지나 살짝 당겨 1mm까지 계측

한다. 가슴둘레는 근육과 피하지방의 발달 정도에 좌우되며, 질병이나 영양불량 시 감소한다.

가슴둘레와 머리둘레

- 1세 이전 : 가슴둘레 < 머리둘레
- 만 1세 : 가슴둘레 = 머리둘레

☞ 만 1세의 가슴둘레 / 머리둘레 < 1 ⇒ 성장부진, 영양불량

영유아 비만 정도의 판정

1) 카우프지수 Kaup's index

일반적으로 영아기에는 체중과 신장 치수를 이용한 카우프지수를 사용한다. 카우프지수는 생후 3개월에서 3세 정도의 영유아를 대상으로 발육과 비만 정도를 평가하는 데 이용된다. 학령기에는 뢰러지수를 이용하여 평가한다.

$$\text{카우프지수} = \frac{\text{체중(g)}}{\text{신장(cm)} \times \text{신장(cm)}} \times 10$$

22 이상 : 비만
19~22 : 과체중
16~18 : 정상
13~15 : 체중부족
13 이하 : 영양실조

2) 비만도 : 성별, 연령별, 신장별 체중 50 백분위수를 표준체중으로 비만도를 계산하여 다음과 같이 분류한다.

$$\text{비만도} = \frac{\text{실제체중} - \text{신장별 표준체중}}{\text{신장별 표준체중}} \times 100\%$$

50% 이상 : 고도 비만
30 ~ 50% : 중등도 비만
20 ~ 30% : 경도 비만
10 ~ 20% : 과체중

출처 : 2007년 소아 청소년 표준성장도표. 질병관리본부, 2007

(5) 앉은키 측정

- 바른 자세로 앉거나 곧게 누운 상태에서 머리 정점에서부터 엉덩이까지의 길이를 측정한다.
- 앉은키는 상체의 길이를 의미하며, 신장에서 앉은키를 뺀 값은 하체의 길이이다.

신체계측은 신장과 체중, 체중의 변화, 상 · 하체의 비율, 피부의 두께와 주요 신체부위의 크기(머리둘레, 가슴둘레, 팔둘레) 등을 평가한다. 표준 성장도표growth chart에서 출생 시의 키는 평균적으로 약 50cm이다. 생후 2세까지는 제1성장 급증기로 신체의 성장이 급격히 일어난다.

- 제1년째 : 약 27cm 자람(생후 1년이 되면 키가 77cm가량 됨)
  생후 6개월간은 약 18cm 자라고, 6~12 개월은 약 9cm 자란다.
- 제2년째 : 약 9.5cm 자람
- 제3년째 : 약 8.5cm 자람
- 제4년째 : 약 7cm 자람 (출생 시 신장의 약 2배, 102cm)

그러나 연령에 따른 평균 자료만으로는 개인별 차이가 심한 신체계측을 평가할 수 없기 때문에 신체발육표준치, 즉 성장도표를 사용하여 분석하는 것이 바람직하다. 예를 들어 남아의 34개월에 체중이 15.2kg이라고 한다면, 성장곡선에서는 해당 연령과 해당 계측치를 표시하여 75백분위수라는 것을 알 수 있으며 그림 6-1, 표에서는 대표 범주 연령인 30개월에 해당하는 수치를 찾아 약 75백분위수라는 것을 알 수 있다 표 6-3.

그림 6-1 ▸▸▸ 연령별 체중곡선(남, 0~4세)에서 34개월에 체중 15.2kg인 어린이의 백분위수 추정의 예

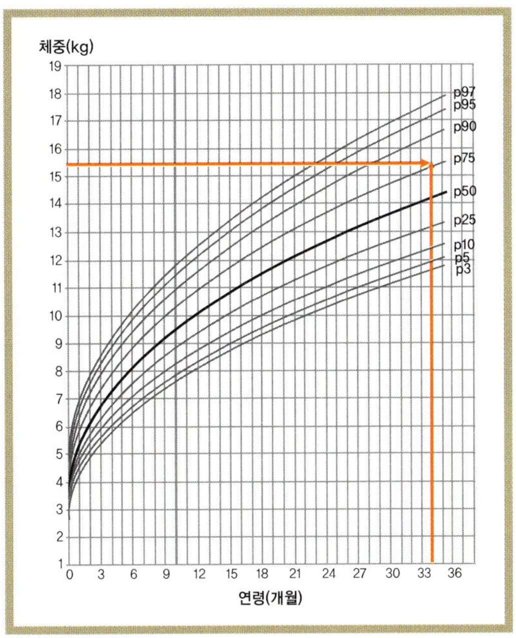

표 6-3 | 연령별 체중 성장도표 LMS및 추정 백분위수(남)

연령	백분위수(남아)								
	3rd	5th	10th	25th	50th	75th	90th	95th	97th
12~15개월	8.4	8.6	9.0	9.7	10.4	11.2	12.0	12.4	12.8
15~18개월	9.0	9.2	9.6	10.3	11.1	12.0	12.8	13.3	13.6
18~21개월	9.5	9.8	10.2	10.9	11.7	12.7	13.5	14.1	14.5
21~24개월	10.0	10.3	10.7	11.4	12.3	13.3	14.2	14.8	15.2
24~30개월	10.7	11.0	11.4	12.2	13.1	14.2	15.2	15.8	16.3
30~36개월	11.5	11.8	12.2	13.0	14.0	15.1	16.2	16.9	17.4
36~42개월	12.2	12.5	13.0	13.9	14.9	16.1	17.3	18.1	18.6
42~48개월	13.0	13.3	13.8	14.8	15.9	17.2	18.6	19.5	20.1
48~54개월	13.8	14.2	14.7	15.7	17.0	18.4	20.0	21.0	21.7
54~60개월	14.7	15.1	15.7	16.7	18.1	19.7	21.5	22.7	23.6
60~66개월	15.6	16.0	16.6	17.7	19.2	21.0	23.1	24.6	25.7
66~72개월	16.5	16.9	17.6	18.8	20.4	22.4	24.8	26.6	28.0

■ 신체발육표준치(성장도표)를 이용한 계측평가 판정

- 신체계측의 정상을 5~95 백분위수로 규정하고 있으며, 이에 벗어나는 것을 '질환 의심' 으로 규정하고 있다. 정상 범위에서 벗어난 '질환 의심' 은 반드시 질환이 있다는 것을 의미하는 것은 아니지만, 질환의 가능성이 높게 의심되므로 전문가에 의한 주의 깊은 경과 관찰이 필요하다.
- 95 백분위수 이상은 '과체중' 이며, 시간적으로 연속적인 측정을 하면 성장도표를 통해 신체발육의 추이를 잘 관찰할 수 있다.
- 특히 성장도표에서 정상이었던 어린이가 비교적 짧은 시간을 두고 한두 급간 one or two major percentiles의 하락이 있는 경우에는 성장장애를 의심해야 하며, 이는 본 검진에서 '질환 의심' 으로 분류된다.

> 예 한 어린이의 체중이 9개월에 75 백분위수였다가 18개월 검진에서 25 백분위수로 떨어졌다면, 두 단계 급간 하락(75→50→25)이며, 이에 대한 원인 평가를 해야 한다.

2) 생화학검사에 의한 평가

생화학검사는 혈액, 소변을 채취하여 이에 함유된 영양소나 성분을 분석하고 정

WHO에서 권장하는 연령별 신체계측 항목

나이	일반적 영양조사	정밀한 영양조사
0~1세	체중, 신장(누운키)	• 앉은키, 머리둘레, 가슴둘레 • 뼈넓이(어깨, 엉덩이) • 피부두겹두께(삼두근, 견갑골, 가슴)
1~5세	체중, 신장, 피부두겹두께(이두근, 삼두근), 상완둘레	• 앉은키, 머리둘레, 가슴둘레 • 뼈넓이(어깨, 엉덩이) • 피부두겹두께(견갑골, 가슴) • 장딴지둘레, 손과 손목의 X선 촬영

상치와 비교하여 영양판정을 하는 것이다. 매우 객관적인 자료로서 지나칠 수 있는 문제점을 찾아낼 수 있기 때문에 반드시 실시해야 하며, 질병을 감별하기 위한 단계에서는 전문의 지시에 따라 심층 평가나 특수 평가를 받도록 한다.

혈액검사 (백혈구, 적혈구와 적혈구용적),
소변검사 (비중, 단백, 당뇨, 케톤체),
빈혈검사, 혈청비타민 측정, 기타 생화학적 검사, 특수검사

표 6-4 | 영유아의 건강문제와 영양적 위험

건강문제	영양적 위험
성장지연, 저체중	부적절한 식사섭취
혈청콜레스테롤 증가	총 지방, 포화지방 및 콜레스테롤의 과잉 섭취
충치	당분 섭취 증가, 불소 부족, 우유병에 의한 유치 손상
철결핍성 빈혈	영양불량, 철 섭취 부족
감염	영양불량
비만	필요 이상의 에너지 섭취
변비	식이섬유소 섭취 부족

3) 임상조사에 의한 평가

(1) 체형

- 영유아의 체형, 자세와 같은 전체적인 신체상태와 활동상태, 표정을 관찰하여 외관을 평가할 수 있다 그림 6-2.
- 신체검진은 전신적으로 시행해야 하며 정상적인 상태라는 것을 확인한다. 이상 소견이 있다면 전문적인 2차 검진을 받도록 한다.
- 전신상태
  신체계측과 활력징후를 측정하고 영유아의 의식상태와 전신적인 영양상태, 아파하는 기색은 없는지 등을 관찰한다. 피부와 안색이 정상적인지, 몸에서 특이한 냄새가 나지는 않는지 살펴보고, 진찰하는 동안 영유아의 행동이 정상적인지를 함께 관찰한다.

그림 6-2 ▸▸▸ 사지의 고관절 탈구 확인

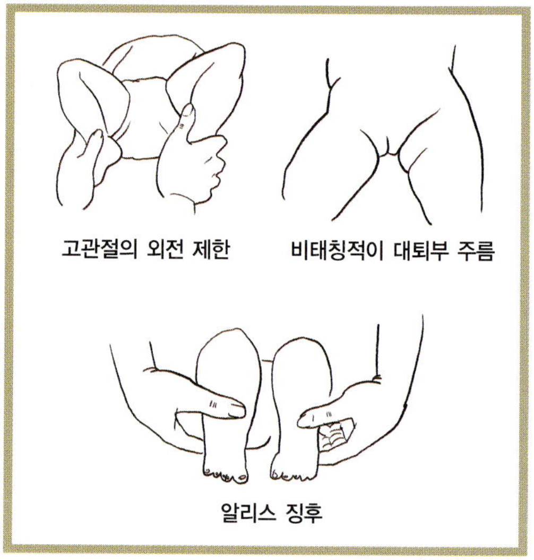

(2) 건강 내력

건강 내력은 임신 기간에 임신중독증, 임신성 당뇨 등과 같은 특별한 질환을 앓았던 적이 있는지, 출산 과정에서의 문제, 출생 시의 체중과 재태기간, 가족 간의 갈등 요인, 급성 또는 만성 질환의 유무, 현재 치료의 유무, 영양제 또는 영양보충을 위한 특정 식품의 투여 여부에 대한 내용을 말한다.

(3) 전문의 진찰 및 특수검사

외관상 건강 내력이 정상적이지 못하다고 판단되면 영양공급에 문제가 있는 것인지 질병에 의한 것인지에 대해 정확히 살펴보아야 한다. 적절한 영양상담을 위해서는 전문의의 진찰이 요구되며 필요에 따라 특수검사를 받도록 한다.

표 6-5 | 신체관찰에 대한 임상조사

구분	양호한 영양상태	영양불량상태
체형	• 연령에 적절한 체형	• 마르거나 뚱뚱한 체형
자세	• 팔다리가 곧고 유연하며 바른 자세	• 어깨가 처지고, 앞뒤 좌우의 균형이 맞지 않고, 유연하지 못함
근육	• 근육질	• 지방질
운동과 활동	• 적극적, 높은 집중력, 원기왕성, 자극에 대한 즉각적인 반응	• 게으르고 쉽게 지침. • 산만하거나 무관심함 • 자극에 대한 미온적 반응
안면	• 피부색이 균일하며 혈색이 좋음 • 표정이 밝음	• 창백하거나 황색, 청색을 띠거나 지나친 홍조를 띰 • 뺨 또는 눈 주위가 부분적으로 다른 색을 띰 • 표정이 밝지 못함
눈	• 맑고 반짝임 • 흰자위가 핏발이 없고 깨끗함	• 눈동자가 탁하고 윤기가 없음 • 흰자위에 핏발이 서거나 황색을 띰 • 눈두덩이가 부어 있음
입술	• 부드럽고 색깔이 균일하게 분홍빛을 띰	• 창백하거나 지나치게 홍조를 띰 • 입가가 갈라지고 궤양성 병변이 관찰됨
구강	• 보기 좋은 붉은색이 도는 분홍빛을 띰 • 적당한 수분기가 있음	• 창백하거나 출혈이 있고, 궤양성 병변 또는 흰색의 곱이 발견됨 • 건조하거나 침을 많이 흘림
혀	• 촉촉이 젖어 있고 보기좋은 분홍색을 띰 • 표면이 작은 돌기로 균일하게 덮여 있음	• 건조하거나 갈라지거나 백태로 덮여 있음 • 입 밖으로 돌출되거나 붓고, 이빨 자국이 생기거나 궤양이 있음 • 돌기가 없이 매끄러운 표면
치아	• 바르게 정렬되어 있고, 윤기 나며 옅은 황백색을 띰	• 정상적인 치아 모양이 아니거나 충치가 있고, 부분적으로 탈색되어 있음
피부	• 부드럽고 약간 촉촉하며 탄력이 있음 • 보기 좋은 분홍빛을 띰	• 건조하고 거칠고 탄력이 없고 발한이 있음 • 창백하거나 황갈색을 띠거나 부분적인 피부 병변이 있음
머리카락	• 윤기가 흐르고 단단하며 잘 뽑히지 않음	• 윤기 없이 건조하며 변색되고, 가늘고 잘 빠지며 숱이 적음
손톱	• 균형 잡힌 모양으로 윤기가 있고 분홍빛을 띰	• 변형된 모양, 창백하거나 탈색 • 잘 자라지 않고 주름이 많음

출처 : 영유아영양. 이상일 · 최혜미, 2002

4) 식사조사에 의한 평가

식사조사는 영양불량의 첫 단계를 평가할 수 있는 방법으로 영양판정의 기본이 된다. 섭취한 식사의 내용을 식품과 영양소별로 분석하여 연령별 영유아의 필요량 또는 권장량의 도달 정도를 분석하는 방법이다. 즉 식사조사는 섭취한 식품의 종류와 양을 측정하여 영양소 섭취량을 분석함으로써, 식품 섭취량이나 영양소 섭취상태를 판정하는 것이다.

영유아의 식사평가는 식품의 종류와 양, 공급형태, 조리방법, 섭취방법 등 무엇을 얼마나 어떻게 섭취하는가의 식사조사 내용 등 즉 과거의 섭취량을 평가할 수 있는 내용을 포함해야 한다. 영아의 경우 식품의 종류와 양은 모유 또는 조제유에 한정되어 단순하지만 이유식이 보충되면서부터 음식의 종류와 양이 복잡해지므로 작성 기간은 이유식의 복잡한 정도에 따라 3일, 7일 또는 2주간으로 기간을 늘려 작성 · 평가한다.

(1) 식사조사

- 영아의 경우 : 수유방법, 수유횟수, 1회 수유량을 일지에 기록한다. 모유수유인 경우, 수유 전후 모체나 아이의 체중 변화를 측정하여 기록한다. 이유식 보충은 이유 섭취량을 조사하는데 이유식 시작시기, 음식의 종류와 섭취량, 섭취빈도를 기록한다. 식사의 평가는 식품교환표와 영양가 분석표를 사용하여 계산하며 에너지, 단백질, 철, 칼슘, 비타민 등 성장에 중요한 영양소를 대상으로 평가한다.
- 유아의 경우 : 보호자를 대상으로 24시간 회상법이나 실측법으로 측정하고 섭취한 간식도 유의하여 작성한다.
- 식사조사방법은 표 6-6 과 같다.

(2) 식생태조사

- 병력 및 임상기록 : 출생 시의 체중, 출생순위, 재태기간, 질병발생, 대사장애
- 가정환경 : 가족의 사회 · 경제적 상태
- 가족의 식습관 : 편식, 기호식품, 식사의 규칙성

표 6-6 | 식사조사방법

종류	측정방법
24시간 회상법	조사하기 전 하루(24시간)동안 섭취한 식품의 내용과 양을 기억하여 조사하는 방법으로 가장 쉬운 방법 중의 하나임
식품섭취빈도조사	약 100여 종류의 식품을 정해 놓고 일정기간에 섭취한 식품의 섭취횟수를 조사함으로써 특정한 식품을 몇 번 먹었는가를 조사하여 평가하는 방법임
식사기록법	조사자가 하루 동안 섭취하는 모든 음식의 종류와 양을 섭취할 때마다 일기식으로 기록하는 방법임
식사력 조사법	장기간에 걸친 과거의 일상적인 식이섭취 경향을 설문지를 통해 조사하는 방법임

- 비타민과 무기질 등 영양보충제 복용 여부, 종류와 양
- 식품알레르기, 섭식행동이상

Chapter 7

영유아기 영양관리

Chapter 7

Chapter 7

영유아기 영양관리

1. 영아기 영양관리

인간의 성장과 발달에서 출생 후 1년 동안이 일생에서 성장이 가장 빠르고 체중도 증가하여 발육 면에서도 큰 변화가 생긴다. 이 기간에 영아는 키가 자라고 체지방이 축적되며, 반사적으로 젖을 빨아 영양을 취하던 상태에서 자발적으로 손가락을 움직여 음식을 집어 먹거나 삼킬 수 있으며 컵에 담긴 것도 마실 수 있게 된다.

1) 영아기 영양의 특징

신생아기를 포함하여 생후 12개월까지를 일컫는 영아기는 일생 중 가장 성장이 왕성하고 뇌의 발달이 현저히 이루어지므로 적절한 영양공급이 특히 중요한 시기이다.

2) 영아기 영양의 목적

- 충분한 영양공급을 통해 정상적인 신체적 · 정신적 성장과 지적 · 인지능력을 발달시킨다.
- 식사의 형태를 갖추어 공급함으로써 자립심과 심리적 욕구를 충족시켜 준다.
- 다양한 식품 선택과 기호를 통해 좋은 식습관을 갖추도록 함으로써 건강한 식생활의 기초를 마련해 준다.

3) 영아기 영양공급의 종류

영아기는 성장이 가장 왕성한 시기로 생후 5~6개월까지는 유즙을 통한 모유나 조제분유로 식사를 하지만, 이후에는 유동식과 같은 이유식으로의 영양공급 전환이 필요하다. 영아기 유즙을 통한 영양공급 방법은 모유영양, 인공영양(조제분유), 혼합영양으로 나눌 수 있다. 신생아와 이유 시작 전 영아에게 가장 좋은 영양공급원은 모유이다. 모유영양을 할 수 없는 경우 조제분유를 공급하는 인공영양을 실시한다.

(1) 모유영양

모유는 영아의 성장과 발육에 가장 이상적인 영양공급 방법으로, 질병을 예방하는 면역학적 장점과 소화기능 발달의 촉진과 어머니와 아이의 친밀감 조성에 이르기까지 조제분유에 비해 월등한 장점이 있다.

① 모유의 성분

■ 초유

출산 후 2~3일 후부터 1주일간 분비되는 모유로 묽고 노란색을 띤다.

- 초유는 다른 시기의 모유보다 단백질 함량이 높고 지방과 유당의 함량이 적으며, 지용성 비타민 A와 E, 나트륨, 칼륨, 염소 등의 무기질이 다량 함유되어 있다.
- 질병과 알레르기를 예방하는 면역글로불린과 식균작용을 하는 대식세포, 장을 튼튼하게 하는 비피더스 증식인자, 그리고 황달의 원인이기도 한 태변 속 빌리루빈의 배설을 돕는 성분도 함유하고 있다.

■ 이행유

초유 분비 후 1~2주 후 성숙유로 이행되는 과정으로 초유에 비하여 단백질, 지용성 비타민, 면역글로불린의 함량은 낮은 반면 지방, 유당, 수용성 비타민의 함량이 높다.

■ 성숙유

이행유 이후 분비되는 모유로 성분 변화가 없이 일정해지는 시기이다.

- 수분이 많고 묽으며 이행유보다 단백질 함량이 낮고, 점점 유당의 농도가 높아지고 지질 함량도 일정 수준까지 증가한다.
- 성숙유는 4~6개월 정도 지나면 일부 영양소가 감소하기 때문에 이유식을 통한 영양보충이 필요하다.

② 모유의 장점

모유의 장점에 대한 설명은 표 7-1 과 같다.

③ 수유횟수와 수유량

영아기 수유횟수와 수유량에는 상당한 개인차가 있으며, 대체로 월령 증가에 따라 수유 간격을 점차 늘려간다.

- 신생아는 생후 1개월까지 2~3시간 간격으로 1일 8~10회 수유하며, 2~3개월에는 1일 6~7회, 4~6개월에는 1일 5회 정도 수유하고, 점차 4시간 간격으로 일정한 시간에 수유하는 것이 적당하다.
- 그러나 영아가 4개월이 될 때까지는 정해진 시간과 횟수에 맞추기보다는 아기가 원할 때마다 수유를 하는 것이 바람직하다.
- 1회 수유시간은 10분 정도이나, 영아는 수유 초반인 5분간 필요량의 2/3를 섭취하는 것으로 알려졌다. 1회 수유량은 60~120g로, 수유기간이 지남에 따라 수유횟수는 감소하고 수유량은 증가한다.

(2) 인공영양

어머니의 모유 부족, 질병 또는 직장생활 등의 이유로 영아에게 모유수유가 어려운 경우에는 인공영양을 하거나 모유영양과 인공영양을 병행하는 혼합영양을 선택할 수 있다.

① 조제분유

조제분유는 원유 또는 유가공품을 기본으로 하여 영유아의 성장발육에 필요한 유당, 지질, 비타민, 무기질 등 영양소를 첨가하여 모유의 성분과 유사하게 조정하여 만든 것으로 분유와 액상유의 형태로 시판되고 있다.

표 7-1 | 모유의 장점

구분	내용
영양적 측면	• 단백질 함량은 조제분유에 비해 적으나 쉽게 소화 · 흡수되어 체내 이용률이 높음 • 뇌 성장에 필요한 타우린과 시스테인 함량이 높음 • 불포화지방산인 리놀레산, 리놀렌산, 아라키돈산이 많아 소화가 잘됨 • 뇌 발달에 필요한 EPA, DHA 등이 다량 함유되어 있으며, 아라키돈산과 DHA 비율도 가장 이상적임 • 모유에 풍부한 콜레스테롤은 뇌 발달에 필수 성분임 • 소화기능이 미숙한 영아의 경우 산모의 유방 내 존재하는 지방분해효소, 담즙산염 자극 리파아제 등 각종 소화효소와 함께 모유를 섭취할 수 있으므로 소화 · 흡수가 잘됨
면역적 측면	• 모유를 통해 산모가 가지고 있는 면역글로불린, 리소자임, 락토페린, 대식세포 등의 면역 성분을 공급함 • 호흡기나 위장관의 감염 등 질병에 잘 걸리지 않음 • 장내 존재하는 비피더스균의 성장을 도와 모유영양아의 장에 해로운 병원균 증식을 억제함 • 신생아의 경우 모유에있는 베타-락토글로불린이 함유되어 있지 않아 알레르기 반응을 일으킬 확률이 낮음
심리적 측면	• 어머니와의 친밀한 피부접촉과 심장박동 소리를 들음으로써 정서적 안정감과 만족감을 갖게 되며, 이것은 사회성 발달에도 도움이 됨
행동 · 발달적 측면	• 어머니 젖을 빠는 것이 우유병을 빠는 것보다 약 60배의 힘이 들기 때문에 입 주위 근육 발달과 턱과 치아의 발육을 촉진함 • 턱 운동을 통하여 치아가 제자리에 나게 해줌 • 모유 수유 시 손가락을 빨게 되는 습관이 생길 가능성이 희박함
사회 · 경제적 측면	• 조제분유 구입, 기구 소독 등의 경비가 절감됨
모체 측면	• 모유 수유 시 자궁수축 호르몬인 옥시토신의 분비로 산후 회복을 도와줌 • 프로락틴 호르몬의 분비로 자연적으로 피임 효과를 가질 수 있음 • 유방암과 골다공증 예방 효과와 출산 후 체중 감소에도 도움을 줌
영아 측면	• 영아의 성장발육에 가장 이상적인 영양공급원임 • 아기의 장을 약산성으로 유지하여 영양소 흡수율을 높임 • 각종 면역물질로 질병에 대한 저항력을 높일 수 있음 • 모유의 용질부하량solute load이 우유의 용질부하량보다 낮아 영아의 미숙한 신장기능에 도움을 줄 수 있음 • 뇌와 중추신경계 발달 및 턱과 치아 발달 촉진 • 알레르기 예방 • 심리 · 정서적 안정

모유와 조제분유, 시판우유의 영양성분 차이

성분 (100mL 당)	모유	조제분유	시판우유	성분 (100mL 당)	모유	조제분유	시판우유
열량 (kcal)	67	60~75	66	나트륨 (mg)	15	13~39	55
단백질 (g)	1.3	1.2~1.95	3.2	염소 (mg)	43	32~81	97
지방 (g)	4.2	2.1~4.2	3.9	칼륨 (mg)	58	54	140
당질 (g)	7	4.6~9.1	4.6	칼슘 (mg)	35	59	120
비타민 A (㎍)	60	39~117	35	마그네슘 (mg)	3	4	11
비타민 D (㎍)	0.01	0.65~1.6	0.08	인 (mg)	15	16.3~16.5	92
비타민 E (㎍)	0.34	1.16	0.09	철 (㎍)	7	325~975	60
비타민 C (㎍)	3.8	5.2	1.8	아연 (mg)	0.3	0.3	0.4

출처 : 생애주기영양학. 김은경 외, 2008

② 특수 조제분유

인공영양에는 우유를 주원료한 조제분유가 대부분이지만, 선천적으로 유당불내증 또는 갈락토오스혈증, 모유 및 우유 알레르기 증상이 있는 영아에게는 두유를 원료로 한 대두 유아식soy based formula을 공급하기도 한다 표 7-2 . 최근 대두 유아식에 카로틴, DHA, 타우린, 메티오닌 등을 보강하여 판매하는 제품들이 출시되고 있다.

표 7-2 | 특수 조제분유의 종류

종류	특징	대상
두유로 만든 조제분유	콩으로 만들었으며 메티오닌을 보강	우유를 소화시키기 어려운 영아 (우유알레르기, 갈락토오스혈증)
단백질을 가수분해하여 만든 조제분유	단백질을 아미노산으로 분해	모유 또는 우유 모두에 특이반응을 보이는 영아
미숙아 조제분유	성장에 필요한 단백질, 무기질, 비타민 등의 영양소를 보충 지방의 흡수를 위해 중쇄중성지방을 증가	미숙아, 저체중아

출처 : 생애주기영양학. 김은경 외, 2008

조제분유를 고농도로 조제했을 때 문제점은 무엇인가요?

- **신장에 부담을 준다.**
  신생아와 영아가 처리할 수 있는 삼투압은 최대 700mOsm/L로서 성인의 1/2밖에 되지 않아 조제유가 고농도일 경우 전해질 및 삼투압에 관련된 물질의 농도가 높아 삼투압이 올라가게 되어 신장에 부담을 줄 수 있다.

- **탈수 위험이 있다.**
  수분은 인체의 생리기능 수행에 가장 중요한 위치를 차지하고 있고 탈수는 대사를 포함한 여러 생리기능에 지장을 초래한다. 조제유가 고농도이면 더 많은 양의 수분이 소변으로 함께 배설되어 탈수가 일어날 수 있다.

- **설사의 원인이 된다.**
  과다 공급된 지방은 충분히 소화되지 못하여 냄새가 심한 지방변을 보기도 하고, 호화되지 못한 탄수화물은 장내 삼투압을 올리거나 발효하여 설사를 초래할 수 있다.

- **대사에 부담을 줄 수 있다.**
  미숙한 효소활성으로 신생아 또는 영아에게 다량의 단백질 공급은 간에 부담을 줄 수 있으며, 변비와 탈수를 동반한 발열과 같은 부작용을 초래할 수 있다.

먹다 남은 우유를 아이에게 줘도 될까요?

미국 FDA는 장내 세균의 일종인 엔테로박터 사카자키균Enterobacter sakazakii이 분유조제나 수유과정에서 증식할 수 있으므로 먹다 남은 우유는 버려야 한다. 분유는 한 번 먹을 만큼만 타고, 반드시 먹는 물을 끓여 식힌 후 70℃ 이상에서 타면 안전하다.

유당불내증과 갈락토오스혈증

유당불내증lactose intolerance은 유당을 함유한 유제품을 섭취했을때 유당을 분해하는 효소인 락타아제lactase가 부족하거나 결핍되어 대장을 통과하면서 설사를 유발하는 질병이다.

갈락토오스혈증galactosemia은 희귀 유전질환으로 인체 내 주요 효소(Galactose-1-phosphate uridyl transferase, Galactose kinase, Epimerase)의 결핍으로 체내에 갈락토오스(유당)와 그 대사산물이 축적되어 생후 즉시 발육부전, 구토, 황달, 설사 증상 등이 나타나고, 치료하지 않으면 백내장, 정신지체 등을 보이다가 결국 간기능부전, 출혈, 패혈증 등으로 사망에까지 이르는 질환이다. 발생 빈도는 정확하지는 않으나 출생아 5만~6만 명 중 1명 정도 발생하고 있다.

출처 : 서울아산병원 진료서비스(2012. 02. 06)

(3) 혼합영양

어머니의 모유분비량 부족, 수유부의 사회활동 참여, 수유부가 질환이 있을 경우 모유와 우유를 1회씩 교대로 수유하거나 모유를 먹인 후 부족량을 우유로 대치하는 방법을 혼합영양이라 한다.

(4) 이유 보충식

① 이유의 정의

이유weaning란 '수유를 일시에 끝낸다'는 뜻이 아니며, 액체음식인 유즙만으로 영양을 섭취하던 영아에게 반고형식semi-solid food 또는 고형식의 음식을 제공하는 것으로, 성인과 유사한 식생활 행동으로 옮겨가기 위한 변환 과정이다. 따라서 이유는 정상적인 영양행위로 옮겨가기 위한 중요한 과정으로 성인으로 자라기 위해 거쳐야 하는 극히 자연적인 성장과정이라 할 수 있다. 영아기에는 부족한 영양을 공급하기 위하여 이유식을 제공해야 한다 표 7-3.

표 7-3 | 이유의 필요성

이유의 필요성	내용
영양보급 및 영양필요량	• 모유만으로는 영아기의 빠른 성장발달에 필요한 에너지, 단백질, 비타민, 무기질 등의 영양소가 부족하기 때문 • 철결핍성 빈혈 발생 : 철 함량이 부족한 모유나 조제분유를 섭취하는 영아가 생후 6개월 이후 간에 저장된 철이 고갈됨으로써 발생
섭식기능 발달	• 생후 4개월이 되면 혀내밀기 반사가 없어져 숟가락을 사용한 영양공급이 가능하고 삼키는 능력을 습득하게 됨 • 생후 6~7개월부터 (반)고형식 섭취에 의한 씹는 연습은 치근을 자극하여 젖니 발치에 도움을 줌 • 반고형식은 액체 형태의 음식보다 소화기관을 정상적으로 발달시킴 • 생후 10~12개월이 되면 유아 스스로 컵과 숟가락을 사용하여 점차 성인의 식사 형태로 변하게 됨

소화 및 대사능력 발달	• 위 용적, 체류시간, 소화효소 기능 및 장 점막 발달 등의 변화 • 생후 4~5개월부터 췌장의 전분분해효소 분비로 곡물이유식이 가능함 • 지질 소화력은 성인의 40% 정도밖에 되지 않으므로 지질의 과다 섭취는 피하도록 유의해야 함 • 신생아나 영아는 장 점막의 미숙으로 단백질에 대한 알레르기 반응이 일어날 수 있기 때문에 단백질이 들어간 이유식은 12개월 이후에 공급하는 것이 좋음
심리적 발달	• 생후 4개월까지는 감정에 대한 표현 부족으로 이유식을 실시하기에 적당하지 않음 • 이유식을 통해 접하는 새롭고 다양한 식품은 영아의 오감을 자극하여 심리발달에 도움을 줌 • 엄마와 떨어져 음식을 먹게 되면서 점차 독립심을 키울 수 있음
올바른 식습관 확립	• 이유식을 통한 다양한 식품 경험과 식사도구의 활용으로 올바른 식습관 형성에 도움을 줄 수 있음

② 이유의 적정 시기

- 출생 시 체중의 2배가 되는 시기 또는 아기의 체중이 약 6kg에 도달할 때
- 철의 저장량이 고갈되는 생후 4~6개월 때
- 1일 수유횟수가 8회 이상으로 증가하여 수유간격이 3시간 이내로 짧아질 때 (모유영양아)
- 1일 섭취 우유의 양이 1,000cc를 넘을 때가 적당(인공영양아)
- 음식을 받아들이는 등의 적극적인 관심을 보일 때

이유식 시기에 따른 문제점

이유식을 너무 일찍 시작한 경우	이유식을 너무 늦게 시작한 경우
• 모유분비량의 감소 • 대사 기능의 미숙으로 설사를 일으킴 • 미숙한 장벽으로 인해 알레르기 반응을 일으킬 수 있음 • 지방세포 수 증가로 비만해질 수 있음 • 삼킴 운동의 미숙과 위·식도역류로 인한 호흡기 감염 증상의 발생	• 성장발육의 저하 • 빈혈 발생 • 면역력이 떨어져 질병에 걸리기 쉬움 • 편식 • 낯가림을 시작하여 새로운 음식을 받아들이기 힘듦 • 이미 형성된 식습관을 바꾸기 어려움

③ 이유식의 종류

이유식의 종류는 가정 이유식과 시판 이유식으로 나눌 수 있으며, 각각의 장단점은 표 7-4 와 같다.

표 7-4 | 이유식의 종류 및 장단점

분류	가정 이유식	시판 이유식
장점	• 영아 개개인의 발달 및 적응 정도, 기호도에 따라 준비 가능 • 올바른 식습관 형성에 기초 제공 • 신선하고 다양한 식재료로 만들어 영양학적으로도 우수하고 위생적임	• 분말상, 통조림, 병조림 등의 형태로 되어 있어 간편함 • 영양소를 균형 있게 공급할 수 있음
단점	• 이유에 대한 지식이 부족할 경우 영아의 영양상태가 나빠질 수 있음 • 이유식 준비에 시간이 많이 소요됨	• 우리나라 시판 이유식의 경우 대부분 분말 형태로 종류가 다양하지 않음 • 아기의 발달상태에 따라 반고형식 또는 고형식 형태로 바꿀 수 없음 • 분말 형태의 이유식을 젖병으로 먹이게 되면 숟가락 사용이 늦어지며, 씹고 삼키는 섭식기능을 발달시키기 어려움 • 다양한 종류의 음식 맛과 질감을 체험할 수 없음 • 대부분 분유를 주재료로 하여 곡류와 약간의 채소가 첨가되어 있으므로 단백질과 칼슘 섭취량이 과다할 수 있음

과일을 영아기 아이에게 주어도 좋은가요?

과일은 비타민과 무기질이 풍부하여 영유아기 필수적인 식품이지만 맛이 좋아 많이 먹기 쉽고 섣불리 유아에게 먹이기 시작하면 알레르기를 유발할 수 있으므로 주의해야 한다.

- 과일은 아기가 생후 6개월이 지난 후 먹여야 영양학적 효과가 있다.
- 이유 초기에는 과즙의 형태로 시작하여 잘게 자른 형태로 주는 것이 좋다.
- 특히 한꺼번에 삼키면 질식할 위험이 있는 포도는 잘라서 먹이는 것이 좋다.
- 딸기, 토마토, 귤, 오렌지 등 산성 과일은 생후 1년이 지난 후 먹이는 것이 좋다.

영 · 유아 식품선택가이드, 식품의약품안전처, 재구성

가정에서 이유식을 조리할 경우 다양하고 신선한 재료를 사용하고 나트륨(소금) 사용을 자제하여 단순한 맛으로 조리해야 한다. 조리된 이유식은 한 번 먹을 만큼의 소량씩 포장하여 냉동보관하고, 먹기 직전 완전히 가열한 뒤 적절한 온도로 제공한다.

④ 이유식의 단계

이유식은 진행단계에 따라 이유 준비기, 이유 초기, 이유 중기, 이유 후기, 이유 완료기로 나눌 수 있으며, 표 7-5 와 같이 진행한다.

표 7-5 | 이유식의 단계 및 내용

이유식의 단계	이유식의 내용
이유 준비기	• 액체 음식으로 이유를 준비하는 단계임 • 채소즙, 미음 등의 유동식이 적당함 • 밤에 수유하는 습관을 버리도록 함 • 설사 또는 소화를 시키지 못하는 경우 강행하지 않음
이유 초기 (생후 5~6개월)	• 모유나 조제유를 제외한 반고형식 음식을 먹기 위한 단계임 • 한 번에 여러 가지 재료를 혼합하지 않고 한 가지씩 재료의 맛을 알 수 있도록 이유식을 준비 • 죽 또는 찐 감자, 흰살 생선을 삶아 으깨주거나 쇠고기를 갈거나 삶고, 과일을 삶아 으깨거나 곱게 긁어주는 정도가 좋음
이유 중기 (생후 7~8개월)	• 이가 나오기 시작하므로 반고형식이 적당함 • 수유횟수를 줄이고 이유식의 횟수와 양을 늘림 • 편식을 막고 올바른 식습관이 형성될 수 있도록 곡류, 채소, 감자류, 과일, 계란, 두류, 생선, 육류 등을 모두 활용함 예 우유푸딩, 알찜, 연두부, 요구르트
이유 후기 (생후 9~11개월)	• 이유식이 영양의 주체가 됨 • 손가락을 이용할 수 있으며, 잇몸으로 씹어서 넘길 수 있음 • 혼자 숟가락과 컵을 사용할 수 있음 • 된죽이나 진밥, 잘게 썬 채소, 다진 고기 등이 들어간 다양한 식품의 고형식을 하루 세 번 제공함
이유 완료기 (생후 12개월 이후)	• 1일 3회 연식 형태로 공급하며 모유는 더 이상 먹이지 않음 • 소화효소가 활성화되며 유치의 대부분이 생성됨 • 성인식으로 전환되는 시기로 하루 세 끼 고형식을 먹이고 오전과 오후에 간식 제공함 • 자극성이 강한 식재료 및 향신료의 사용과 너무 단 식품은 피함 • 땅콩, 엿, 젤리 등과 같이 아이의 기도를 막을 수 있는 식품은 반드시 잘게 자르거나 갈아서 제공해야 함

시기별 이유식의 농도

식재료	이유 초기 (5~6개월)	이유 중기 (7~8개월)	이유 후기 (9~11개월)
쌀			
당근 + 쌀			
시금치 + 쌀			
흰살 생선 + 쌀			

이유식 제공 시 무엇을 주의해야 하나요?

- 처음 이유식을 제공할 때는 알레르기를 일으킬 확률이 적은 곡류부터 시작한다.
- 새로운 식재료는 한 번에 한 가지씩만 추가한다.
- 소금, 설탕 등의 조미료를 사용하지 않는다.
- 계란, 땅콩, 밀, 대두, 고등어, 복숭아, 토마토 등은 알레르기를 유발할 수 있으므로 이유 초기에는 제한하도록 하며 제공 시에는 주의 깊게 관찰하면서 제공한다.
- 2~3일 동안 같은 종류의 이유식을 제공하여 영아의 알레르기 반응을 살펴본 후 영아의 몸에 이상이 있으면 중단한다.

1세 미만 영아에게 '꿀'을 주면 ~!

벌꿀에는 독성 물질인 보툴리누스 포자Botulinus spore가 들어 있을 수 있다. 보툴리누스 포자로 오염된 꿀을 섭취하면 독toxin이 방출되어 면역력을 완전히 갖추지 못한 아이에게 **'영아 보툴리누스증'**이라는 치명적인 결과를 초래할 수 있다. 보툴리누스 포자는 산도가 높은 곳에서는 번식이 억제되어 위액의 산도가 높은 성인에게는 문제가 없지만, 생후 1세 미만 영아의 위액 산도는 높지 않아 장내 보툴리누스 포자의 번식을 억제할 수 없다. 따라서 위액의 산도가 높아지는 1세 이후에 주어야 안심할 수 있다.

4) 영아기 영양 관련 문제점

(1) 영양부족과 성장장애

- 성장장애는 영양적 · 신체적 · 사회적 · 심리적 요인에 의해 발생할 수 있으며, 그중에서도 영양적 요인이 가장 큰 영향을 미친다. 젖을 충분히 빨지 못하거나 긴 수유간격, 어머니의 질병 또는 나쁜 영양상태로 인한 모유 분비의 부족, 이유의 지연, 스트레스, 음주, 흡연 등으로 영아는 표준 이하의 성장률을 보이며 체력이 약화될 수 있다.
- 신장과 체중을 수시로 측정하여 영아의 신장과 체중곡선과 비교하여 10~90% 내에 있도록 세심한 주의를 기울여야 한다.

(2) 철결핍성 빈혈

- 빈혈은 체내에 있는 적혈구 및 헤모글로빈 수치가 정상보다 떨어져 있는 상태

를 말하며, 영아기에 가장 많이 발생하는 빈혈은 철결핍성 빈혈이다

- 이유가 늦어지면 간에 저장되어 있는 철 고갈로 빈혈이 나타날 수 있으며, 철결핍성 빈혈은 이유기 영아의 증가된 철 요구량을 충족시키지 못해 발생한다.
- 영아가 생후 4~6개월이 되면 간에 보유하고 있는 철이 고갈되고, 이후 급속한 신체 성장으로 철 요구량이 더 많아지므로 유즙만으로는 영아의 철 요구량이 충족될 수 없어 철결핍성 빈혈이 초래될 수 있다.
- 철결핍성 빈혈을 예방하기 위해 이유식은 생후 4~6개월에 실시하고, 철이 충분히 함유된 식품을 섭취하도록 한다.

(3) 젖병 치아우식증

- 젖병 치아우식증baby bottle tooth decay, BBTD은 '우유병 증후군'이라 불린다 그림 7-1.

그림 7-1 ▸▸▸ 젖병 치아우식증

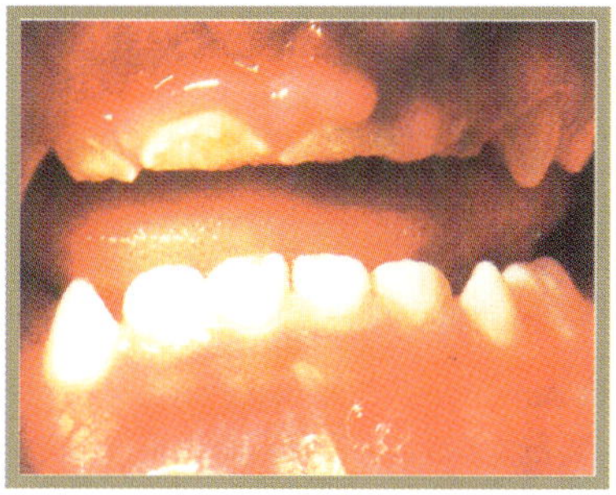

- 영아가 누운 채로 젖병을 물고 잠을 자는 동안 타액 분비가 감소함에 따라 치아 표면에 존재하는 박테리아 활동이 활발해지기 때문에 박테리아가 당분이 들어 있는 우유와 작용하여 산이 형성되고 영아의 새로 난 치아의 에나멜 층을 파괴시켜 치아에 손상을 일으킨다. 따라서 젖병을 입에 문 채 잠이 들지 않도록 주의해야 한다.
- 주로 2세 이전에 나타나며, 앞쪽 윗니가 썩어 빠지거나 위쪽 첫 번째 어금니가 썩는 등의 특징을 가진 충치가 발생한다. 젖병 치아우식증을 예방하기 위한 영아 양치질 방법은 그림 7-2와 같다.

그림 7-2 ▸▸▸ **영아 양치질 (0~12개월) 방법**

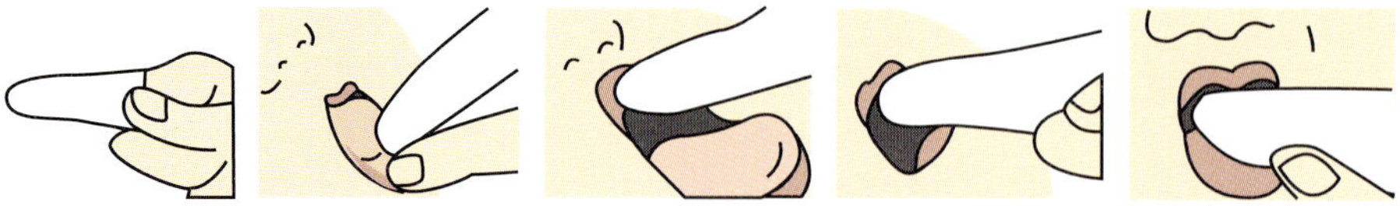

① 거즈를 끓는 물에 소독 후 손가락에 감는다.
② 아랫잇몸을 안쪽 바깥쪽 골고루 닦는다.
③ 위쪽도 아랫잇몸처럼 안쪽 바깥쪽 골고루 닦는다.
④ 고개를 약각 젖혀 입천장을 안쪽에서 바깥쪽으로 쓸듯이 가볍게 닦는다.
⑤ 혓바닥도 닦고, 안쪽에서 바깥쪽으로 가볍게 쓸듯이 닦아준다.

출처 : 우리아이 건강과 영양. 울산시 보육정보센터 교육자료(제18호), 2011

(4) 설사

- 영아기에는 어른에 비해 자주 설사가 일어나며, 잦은 설사는 변으로 수분 손실을 증가시켜 탈수를 가져오게 된다.
- 설사의 횟수가 적고 열이 없을 경우에는 모유나 조제분유를 먹이는 시간을 연장하는 것이 좋다.
- 설사가 심해지면 젖을 주는 것을 몇 차례 줄이고, 탈수를 방지하기 위해 묽은 포도당액, 보리차, 끓인 물을 계속해서 조금씩 먹이며 수분, 나트륨, 칼륨 등을 보충해 주어야 한다. 이때 주스나 젖산음료는 설사를 악화시킬 수 있으므로 피해야 한다.

(5) 페닐케톤뇨증

- 페닐케톤뇨증은 태어날 태부터 영양소 대사에 필요한 효소가 없거나 문제가 발행하여 신체에 필요한 물질이 생성되지 못하고 중간 대사산물이 축적되기 때문에 생리적 기능이 원활하게 이루어지지 않아 뇌나 신체에 손상을 유발하는 선천성 대사장애이다.
- 이런 질병을 가진 영아에게는 페닐알라닌이 제거된 페닐케톤뇨증용 조제분유를 주어야 한다.

(6) 미숙아(37주 이하)

- 미숙아는 위의 용량이 적고 젖을 먹는 데 필요한 반사 및 운동능력이 부족하다. 따라서 기관지로 젖이 들어가는 경우가 많아 폐렴, 폐수종, 질식사가 일어날 수 있다.
- 미숙아의 산모에게서 분비되는 모유는 유즙량이 적고 성분 함량의 변화가 심하며, 칼슘, 인, 단백질, 무기질 등의 영양소가 적게 함유되어 있다.

영유아기 피해야 할 식품

연령	피해야 하는 음식
영유아기	• 섬유소가 많은 식품(우엉, 죽순) • 염분이 많은 식품(젓갈, 장아찌) • 고지방 식품(장어) • 자극성이 강한 향신료와 조미료(마늘, 후추)
생후 1세 전	
생후 2세 전	
생후 3세 전	

저지방우유로도 영양을 충분히 공급할 수 있을까요?

저지방우유의 경우 열량이나 비타민 A와 D 등 지용성 비타민의 함량이 적어 5세 이하의 어린이가 저지방우유만으로 칼슘을 흡수하기 어렵다. 특히 2세 이하 유아는 전지분유를 먹여야 한다.

2. 유아기 영양관리

- 성장의 잠복기 또는 휴면기 latent or quiescent period라 불리는 유아기는 영아기에 비해 성장이 완만하고 식욕감소 등 식행동의 변화가 나타난다.
- 식행동의 변화와 함께 기본적인 생활행동 및 건강습관의 기초가 형성되며 음식에 대한 기호, 식사예절, 위생습관을 통해 식습관이 형성되는 시기이다.
- 이 시기는 음식을 섭취하는 데 감정적 요인과 심리적 요인이 크게 작용하므로 유아에게 강요하지 않고 칭찬하는 것이 좋으며, 다양한 조리법과 구체적인 식사방법으로 지도해야 한다.

1) 유아기 영양의 특징

① 발육이 왕성한 시기이다.

- 유아기는 신진대사가 왕성하기 때문에 체중 1kg당 에너지, 단백질, 수분의 필요량이 성인에 비해 2~3배 많다.
- 단백질은 질적 · 양적으로 충분히 공급해야 하며, 철결핍성 빈혈을 막기 위해 철 함유식품을 많이 섭취하도록 한다.
- 영아기에 비해 성장속도가 둔화되어 식욕이 감소하기 때문에 영양밀도가 높은 음식을 공급해야 한다.

② 환경변화에 대한 적응력과 병원균에 대한 저항력이 약하다.

- 적응력이 매우 낮으므로 영양불균형 또는 영양섭취 방법이 적절하지 않으면 정상적인 성장과 발달이 어렵고, 면역력이 약하기 때문에 음식의 선택과 섭취에 주의해야 한다.

③ 소화 · 흡수 기능이 미숙하다.

- 소화기관의 발달이 완전하지 않아 소화 · 흡수 능력이 떨어지므로 음식 조리 시 소화하기 쉬운 식품과 조리법을 선택하고, 식품을 잘게 썰어 씹기 쉽도록 하며 올바른 섭식 지도가 필요하다.
- 음식을 한꺼번에 너무 많이 제공하지 말고 여러 차례 나누어 제공한다.
- 음식을 조리할 때 너무 맵거나 짜지 않게 하고, 자극성이 강한 조미료나 향신

료의 사용은 피한다.

④ 개인 간 영양 차이가 크다.

유아기의 성장은 완만하고 변덕스러운 성장률로 인하여 영양필요량의 개인차가 크므로 유아의 성장발달 속도와 정서 상태를 고려한 식사계획으로 영양필요량을 충족하도록 한다.

⑤ 정신적인 면의 발달이 현저하여 특유의 문제가 일어난다.

식품기호가 변하기 쉬우므로 다양한 식품 선택을 통해 소식, 식욕부진, 편식 등의 문제가 일어나지 않도록 주의한다.

⑥ 간식의 제공이 필요하다.

소화기능의 미숙으로 한꺼번에 많은 양의 음식을 섭취할 수 없으므로 간식을 통하여 영양보충을 하도록 하며, 영양과 치아건강에 좋은 간식을 선택한다.

⑦ 좋은 식습관을 형성할 수 있는 시기로 부모의 올바른 역할모델이 중요하다.

유아기는 다양한 식품선택과 기호를 통해 좋은 식습관을 형성할 수 있는 시기이므로 부모의 올바른 식생활의 영향을 많이 받는다.

그림 7-3 ▸▸▸ 식욕부진 해결방법

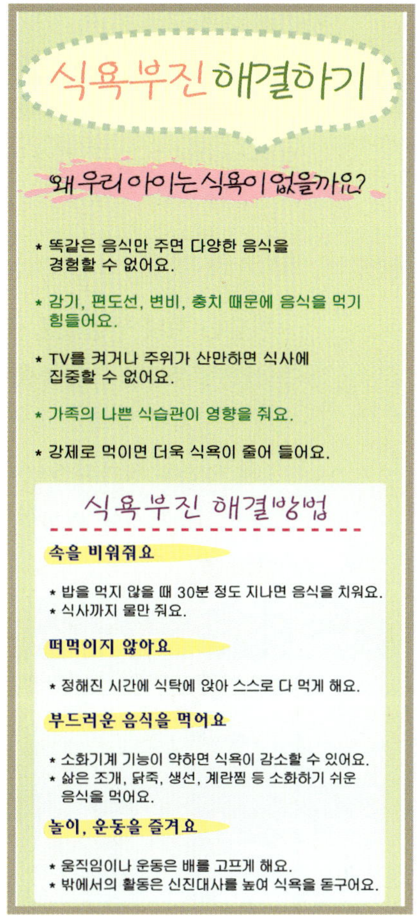

출처 : 식품나라 http://www.foodnara.com

2) 유아기 영양의 목적

- 정상적인 신체의 성장 및 발달, 정신적 · 지적 인지능력의 발달을 위해 충분한 영양을 공급한다.
- 식사의 형태를 갖추어 제공함으로써 자립심을 키워주고 심리적 욕구를 충족시킨다.
- 다양한 식품 선택과 기호를 통한 좋은 식습관 형성으로 건강생활을 이루도록 한다.

3) 유아기 영양 관련 문제점

유아기에 영양공급이 제대로 이루어지지 않거나 식생활 자기관리 능력이 부족하면 다음과 같은 영양문제가 나타날 수 있다. 이러한 문제들을 예방하기 위해서는 부모와 교사가 관심을 갖고 올바른 지도가 꼭 필요하다.

(1) 유아 비만

비만은 체내 구성성분 중 지방조직이 차지하는 비율이 정상보다 더 높은 상태로, 유아가 성장발달과 활동을 위해 필요한 열량보다 과잉의 열량을 섭취했을 때 그 열량이 중성지방 형태로 피하조직에 많이 쌓인 상태를 말한다.

1세 미만의 영아와 5~6세 유아는 유아비만이 가장 많이 나타나는 연령으로 2009년 국민건강조사에 의하며 2~5세 유아의 과체중 및 비만 유병률이 17.8%로 나타났다 그림 7-4.

그림 7-4 ▸▸▸ 소아 과체중 및 비만유병률

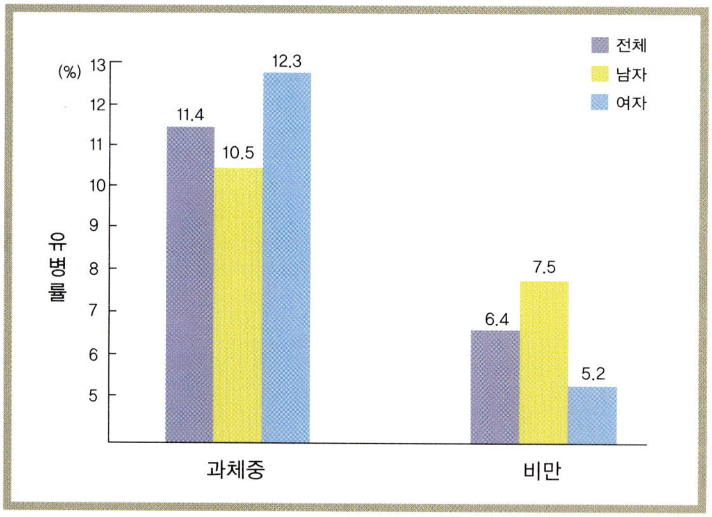

출처 : 2009 국민건강통계. 보건복지부 질병관리본부, 2010

① 비만의 종류 및 문제점

비만은 단순성 비만과 증후성 비만으로 구분할 수 있다.

- 단순성 비만은 섭취에너지가 소비에너지보다 더 많아서 그 열량이 지방으로 축적된 것을 말하며, 증후성 비만은 어떤 질환으로 인하여 비만이 되는 경우를 말한다.
- 영유아기 비만 문제는 일단 증가한 지방세포 수가 줄어들지 않는 지방세포 증식형으로 치료가 어렵고 성인 비만으로 이행될 가능성이 높다 표 7-6 .
- 영유아기 과도한 비만은 고혈압, 심장병, 당뇨병, 고지질혈증 등 성인병의 원인이 되기도 한다.

표 7-6 | 지방세포 형태에 따른 비만의 분류

분류	지방세포 증식형(hyperpiasia)	지방세포 비대형(hypertrophy)
정의	지방세포의 수 증가	지방세포의 크기 증가
발달시기	영유아, 청소년기 등의 성장기, 임신 중 지나친 체중 증가	주로 성인기
특이사항	성장기 비만이 성인 비만으로 이환될 확률이 아주 높음	성인기에 활동 부족과 과식 등의 에너지 불균형이 주원인

② 비만의 원인

- 비만은 식사, 운동, 생활환경, 유전, 정신적 스트레스 등 여러 요인이 복합적으로 작용하여 발생한다.
- 유아 비만의 경우 단순성 비만의 원인인 에너지 섭취량과 소비량의 불균형이 원인인 경우 많다 그림 7-5 .
- 비만의 공통적인 특징은 기름진 음식이나 스낵류 간식 등의 서구식 고열량 음식과 설탕 또는 당질 함량이 높은 음식의 섭취에 의한 것이다.
- 식사 외 요인으로 운동을 좋아하지 않거나 운동장소나 놀이터가 없는 환경도 유아 비만에 영향을 미친다.

그림 7-5 ▸▸▸ 비만의 원인

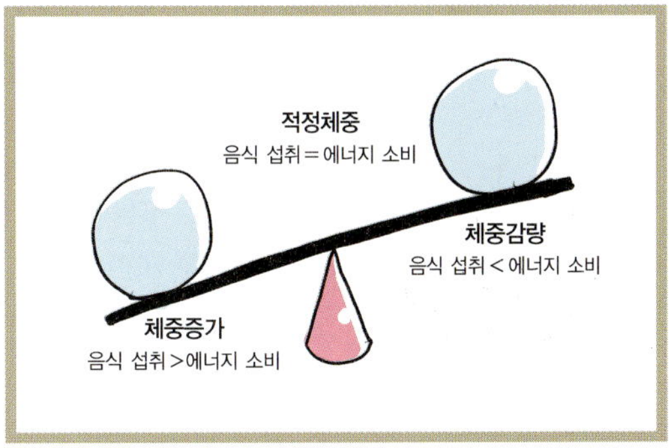

③ 비만의 치료

비만 치료의 원칙은 에너지 섭취를 줄이고 소비량을 증가시키는 것이다. 이 원칙에 의한 비만치료의 방법으로는 식사요법, 운동요법, 생활행동 등의 수정, 심리적 지원을 들 수 있다 표 7-7 .

표 7-7 | 비만 치료방법

비만치료 방법	내용
식사요법 	• 무리한 체중감량보다는 과잉 섭취하고 있는 식사량을 조절함 • 잘못된 식사습관을 수정함 • 식사할 때 음식 자체를 즐기기보다는 함께 식사하는 사람들과 즐거운 식사가 되도록 하고, 시간당 먹는 양을 적게 하기 위하여 천천히 식사함 • 식사구성안에 따른 영양적 균형을 이룬 식단을 제공하고, 설탕이나 지방 함량이 많은 간식 섭취를 줄임 • 부족해지기 쉬운 비타민과 무기질 등의 조절식품을 충분히 제공함
운동요법 	• 일상생활 중 활동량을 증가시킴 : 텔레비전 시청, 비디오 게임, 컴퓨터 게임을 줄임 : 앉아서 하는 놀이보다는 하루 일정시간 밖에서 뛰어놀 수 있도록 함 : 짧은 시간 과도한 운동은 피로를 유발시켜 장기간 계속할 수 없기 때문에 비교적 가벼운 운동인 자전거타기, 술래잡기, 줄넘기, 산책, 신체 게임 등을 권장함
행동수정요법 	• 유아 비만을 포함한 모든 비만 치료에 가장 효과적인 방법임 • 스스로 비만을 초래하는 원인을 찾아내서 수정함 : 잘못된 식사습관 및 생활습관을 올바르게 교정하여 음식 섭취량을 줄이고 활동량을 증가시켜서 체중감량 효과를 높임
심리적 지원 	• 친구 및 이성 관계에서 지나치게 걱정을 하고 열등감이나 정서불안으로 고통을 받으므로 심리적 · 정신적으로 안정될 수 있도록 가정과 기관의 적극적인 도움이 필요함 – 가정 : 부모가 먼저 좋은 모델이 될 수 있도록 노력함 – 기관 : 올바른 식생활 지침, 주의식품과 권장식품, 운동의 필요성과 방법, 비만의 나쁜 점 등을 교육을 통해 지도함 • 휴식시간에 나가 놀도록 지도하고, 비만교실을 운영하여 집단운동을 시키는 것도 좋은 방법임 • '너무 먹지마라' 보다는 '더 활동해라' 라는 긍정적인 메시지를 전달함

(2) 철결핍성 빈혈

① 철결핍성 빈혈의 원인

- 늦은 이유시기 및 잘못된 이유식에 의한 불충분한 영양섭취, 소화기질환 및 감염에 의한 출혈 등으로 철결핍성 빈혈이 발생할 수 있다.

② 철결핍성 빈혈의 예방

- 식물성 식품 중 비헴철은 육류에 존재하는 헴철보다 흡수율이 낮기 때문에 비타민 C를 함유한 식품과 함께 섭취해야 철 흡수에 도움이 된다.
- 곡류는 종류에 따라 철 함량에는 차이가 있으나 주식으로 섭취하는 양이 많아 철의 좋은 급원식품이다.
- 우유와 유제품은 칼슘 함량은 높으나 철 함량과 흡수율은 낮은 편이므로 철이 강화된 시리얼 또는 주스를 섭취하는 것도 철 섭취에 도움이 된다 표 7-8.

표 7-8 | 철 흡수에 영향을 주는 요인

구분	식품 중의 철 형태		식사 중 성분
철 흡수 촉진	헴철 (20~25% 흡수)	동물성 식품 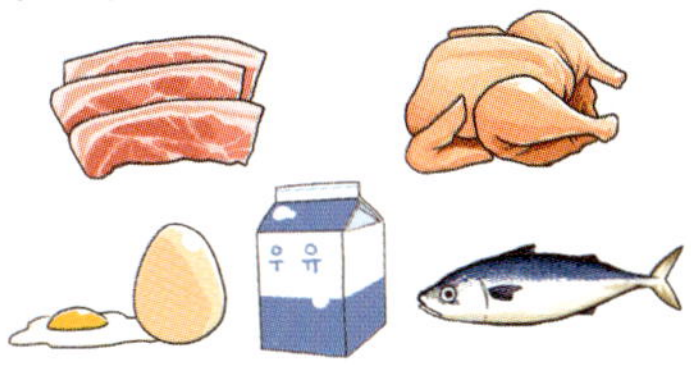	비타민 C, 위산, 구연산, 동물성 단백질 식품
철 흡수 억제	비헴철 (5~10% 흡수)	식물성 식품 	수산, 피틴산, 식이섬유, 탄닌(차, 커피)

출처 : 영유아 영양과 활동. 이종숙 외, 2009

(3) 충치

충치는 영양 섭취와 관련된 가장 흔한 질환 중 하나로, 2~4세 유아의 경우 5명 중 1명은 영구치나 유치에 충치를 가지고 있는 것으로 나타났다.

① 유아충치의 원인

- 우유병이나 과일주스를 종일 입에 물고 있으면 치아가 당에 노출되는 시간이 많아지게 되어 입안에 충치를 일으키는 구강세균에 의해 부식이 일어난다.
- 치아 표면의 플라크에는 설탕을 이용하는 여러 종류의 세균이 있다. 구강세균 Streptococcus mutaus에 의해 발효되면서 나오는 젖산에 의해 생긴다. 젖산은 치아 겉 표면의 에나멜 층을 용해시켜 충치를 만든다.

② 충치의 영향

- 유아기에 손상된 치아를 방치하게 되면 음식물을 제대로 씹지 못하고 부드러운 음식만 먹게 되는 편식을 초래할 수 있다.
- 유치가 너무 일찍 손상되어 다른 치아의 위치를 변화시키고 영구치의 자리가 막히게 되어 이가 고르게 나지 않게 된다.
- 손상된 치아는 외관상 보기에도 좋지 않고 언어발달에도 나쁜 영향을 미치게 되며, 한평생 건강까지 좌우하게 되므로 관심을 가져야 한다.

③ 충치 유발요인

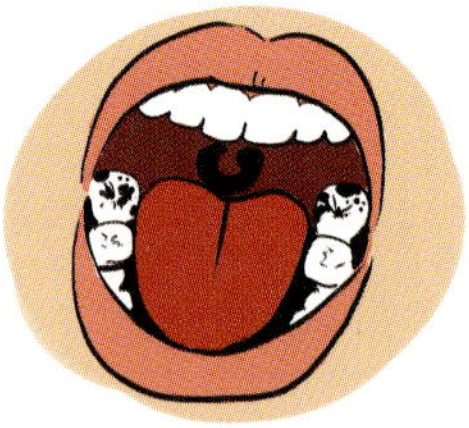

- '설탕>포도당>맥아당>유당>과당' 순으로 박테리아에 의해 부식원으로 많이 이용된다.
- 끈적거리는 성질을 가진 캐러멜이나 엿은 치아에 달라붙기 때문에 액체 형태의 당보다 더 쉽게 충치를 유발한다.
- 사탕, 과자, 케이크, 아이스크림, 요구르트 등 특히 당 함량이 높은 식품이 충치를 유발한다.
- 과일통조림, 건포도, 곶감 등 가공된 과일류도 충치를 쉽게 유발한다. 충치 유발 관련식품은 표 7-9와 같다.

표 7-9 | 충치 유발 관련식품

식품군	충치 저유발 식품	충치 고유발 식품
유제품	우유, 치즈, 플레인 요구르트	아이스크림, 초콜릿우유, 밀크셰이크, 과일 요구르트
육류	살코기, 계란, 생선, 견과류, 무가당 피넛버터	가당육류, 당 함유 견과류, 가당 피넛버터
과일 및 채소류	신선한 과일채소 무가당 과일채소주스	말린 과일, 잼과 젤리, 과일잼, 가당 과일음료, 고구마 캔
곡류	팝콘, 프리첼, 무가당 크래커	쿠키, 파이, 페이스트리, 가당 시리얼
기타	무설탕 껌, 소다수, 무가당 커피와 차	설탕 껌, 캔디, 꿀, 시럽, 가당 커피와 차

출처 : 발달의 관점에서 본 생애주기영양학. 이연숙 외, 2003

④ 충치 예방

- 지방과 단백질이 함유된 식품(육류, 난류, 어패류, 두류)을 섭취하도록 한다.
- 채소와 해조류를 섭취한다.
- 불소를 보충한다.
- 올바른 양치질을 한다 그림 7-6.

그림 7-6 ▸▸▸ 올바른 양치질 방법(생후 13~60개월)

유아 이닦기

칫솔모의 끝이 둥글고 손잡이는 곧으며 칫솔머리는 치아 2~3개 크기가 적당합니다.

치약은 칫솔에 스며들도록 눌러 짧니다.

엄지손가락을 칫솔 머리 아래쪽에 대고 네 손가락으로 가볍게 쥡니다.

이를 닦아줄 때에는 아이의 뒤에서 닦아주세요.

위아래 원을 그리며 부드럽게 구석구석 닦아주세요.

출처 : 우리아이 건강과 영양. 울산시 보육정보센터 교육자료(제18호), 2011

올바른 치아관리 요령

- 생후 6개월부터는 아이의 이를 닦아주어야 한다.
- 생후 1년이 지나면 우유병을 물고 자는 습관을 없애야 한다.
- 무분별한 간식 섭취를 줄인다.
- 생후 1년이 지나면 치과에서 구강검진을 받도록 한다.
- 만 1세부터 3세까지 수시로 입안을 살펴본다.
- 잠자기 전 아이와 함께 이를 닦는 습관을 들인다.
- 올바른 칫솔 사용법을 지도한다.

유아기 충치나 잇몸 질환을 조기에 치료하면 치아와 소화기의 건강을 유지하게 되며 치열이 삐뚤어지는 것도 최대한 예방할 수 있다. 또한 설탕이 든 음식과 인공 음료를 접하지 않도록 하는 것이 치아 건강에 중요하다.

출처 : 대한치과의사협회 자료 재구성

(4) 식품알레르기

식품알레르기food allergy는 식품으로 인해 발생하는 면역반응으로 위장관이 미숙한 영유아의 2~15% 정도에서 흔히 발생하며 성장하면서 감소하는 경향을 보인다. 가족력이 있는 경우에는 식품알레르기 유발 가능성이 더 높다.

① 식품알레르기 원인

- 섭취된 단백질은 아미노산으로 분해되어 흡수된다. 만약 불완전하게 분해된 큰 단백질 입자가 영유아의 미숙한 장 점막을 통해 체내로 흡수되면, 체내의 면역세포는 이 단백질 성분을 항원으로 인식하여 항체를 통해 히스타민 그 밖에 다른 화합물질을 만들게 되므로 알레르기 반응이 일어나게 된다.
- 여러 가지 식품보다는 한 가지 식품일 경우가 많다. 영유아의 경우 계란과 우유가 주 원인식품이다. 특히 계란은 아토피 피부염을 일으키는 원인식품이다. 그 외 대두, 밀, 생선, 토마토, 감귤류, 복숭아 등도 알레르기 원인식품으로 작용할 수 있다 그림 7-7 표 7-10 .
- 계란과 우유는 나이가 들면서 알레르기 반응이 저절로 없어지는 특징을 가지고 있으나, 땅콩과 견과류는 나이가 들어도 식품알레르기가 잘 없어지지 않는다.

그림 7-7 ▸▸▸ 식품알레르기 환자의 원인식품

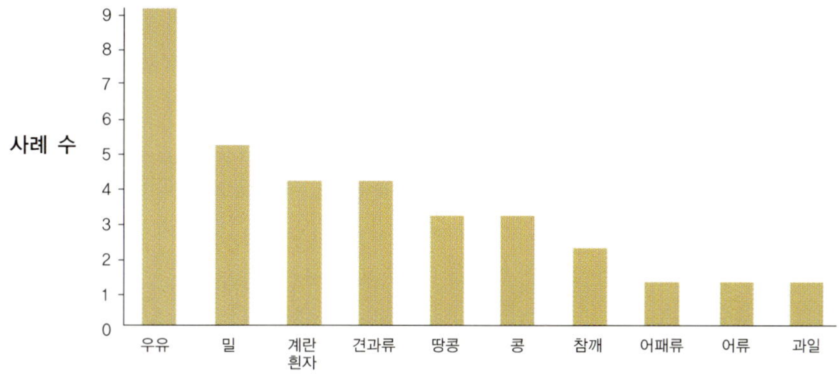

출처 : 식품알레르기 교육 및 급식관리 매뉴얼. 서울특별시 식품안전추진단.

알레르기 유발식품 표시제도

식품의약품안전처에서는 한국인에게 알레르기를 유발하는 것으로 알려진 12가지 품목에 대해 함량과 관계없이 표시하도록 하는 제도를 2007년에 도입하였다. 또한 교육과학기술부가 발표한 '학교급식 안전관리 대책'에 따르면 2012년 2학기부터 모든 초·중·고등학교에서 식단표에 알레르기 유발식품의 사용 여부를 표시하는 '알레르기 유발식품 표시제'를 도입하였다. 이 제도는 특정 식품에 알레르기가 있는 학생들이 반찬을 선택해 먹을 수 있도록 하자는 취지를 가지고 있으며, 영양불균형이 발생하지 않도록 김, 멸치볶음 등 별도의 대체 반찬도 제공할 계획이다.

알레르기를 유발하는 12가지 품목

우유, 계란, 땅콩, 밀, 대두, 보리, 생선, 게, 토마토, 삼겹살, 복숭아, 새우

② 식품알레르기 증상

- 식품알레르기 증상은 개인의 면역체계에 따라서 반응 속도가 다르기 때문에 식품 섭취 후 몇 분 후 일어나는 즉시형 반응부터, 1~2일 후 증상이 나타나는 지연형 반응까지 반응시간이 다양하다.
- 식품알레르기 증상은 표적기관에 따라 기관지 천식, 비염과 같은 호흡기 질환, 설사 및 구토와 같은 위장관 질환, 두드러기 또는 아토피 피부염과 같은 피부

질환 등으로 분류된다.

- 흔하지 않게 아나필락시스 쇼크anaphylaxis shock와 같은 전신적 반응을 일으킬 수 있다.

표 7-10 | 식품알레르기 원인식품 및 식사요법 시 식품선정표

원인식품	식품성분별	피해야할 식품	대체식품
 우유	우유, 카제인, 유당, 락트알부민, 소듐, 락토오스, 탈지분유, 크림, 칼슘카제인염	치즈, 아이스크림, 요구르트, 크림수프, 버터 및 우유가 함유된 제품, 캔디, 푸딩, 커스터드	모카, 커피크림, 두유, 코코넛
 달걀	알부민, 달걀흰자, 달걀노른자	제과 제품, 국수(계란이 포함된 것), 커스터드, 푸딩, 마요네즈, 샐러드드레싱	계란이 포함되지 않은 제과, 스파게티, 쌀
 통밀	밀가루, 밀배아, 밀기울, 밀전분, 글루텐, 식용전분, 식용검	밀가루로 조리한 식품(튀김옷 포함), 밀가루 제품, 과자, 크래커, 마카로니, 스파게티국수, 그레이비소스, 간장, 핫도그, 소시지	쌀로 만든 빵, 떡, 시리얼, 보리, 쌀, 오트밀, 옥수수가루, 당면, 팝콘, 옥수수전분
 콩	콩기름, 콩 단백질, 조직단백	간장, 데리야끼소스, 우스터소스, 참치통조림, 대두로 만든 시리얼 제품, 대두, 두유, 두유 제품, 마가린	견과우유, 코코넛우유
 옥수수	옥수수기름, 옥수수전분 옥수수가루, 옥수수시럽 옥수수당, 옥수수술	제과 제품, 옥수수 빵, 팝콘, 팬케이크 시럽, 사탕 종류, 베이킹파우더	설탕, 단풍시럽, 꿀, 베이킹소다
 초콜릿	코코아, 코코아버터	사탕, 초콜릿, 콜라	
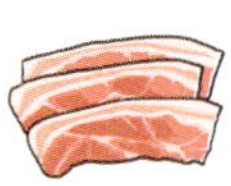 돼지고기	쇼트닝, 라드, 젤라틴	통조림수프, 다시다, 그레이비소스, 핫도그, 런천미트, 베이컨소시지	

출처 : 임상영양관리, 정유경 외, 2011

(5) 납중독

① 납중독의 원인 및 증상

- 납은 우리 환경에서 자연적으로 존재하는 금속으로 오염된 토양과 물을 통해서 식품 속에 들어간다. 이러한 식품의 섭취뿐 아니라 장난감, 크레파스, 납에 오염된 먼지, 페인트 조각, 깡통조각 등을 통해서도 납중독이 유발될 수 있다 그림 7-8.
- 영유아는 성인에 비해 흡수하는 납이 더 많고 민감해서 성인이 약 10%만을 흡수할 때 어린이의 경우 최대 50%까지 흡수할 수 있다. 납은 성장발달을 저해하고, 청각과 근육운동의 균형을 손상시킬 뿐 아니라, 신경·정신발달에 손상을 주어 학업능력에도 악영향을 미칠 수 있다.

그림 7-8 ▸▸▸ 유아의 주변 환경 중 존재하는 납

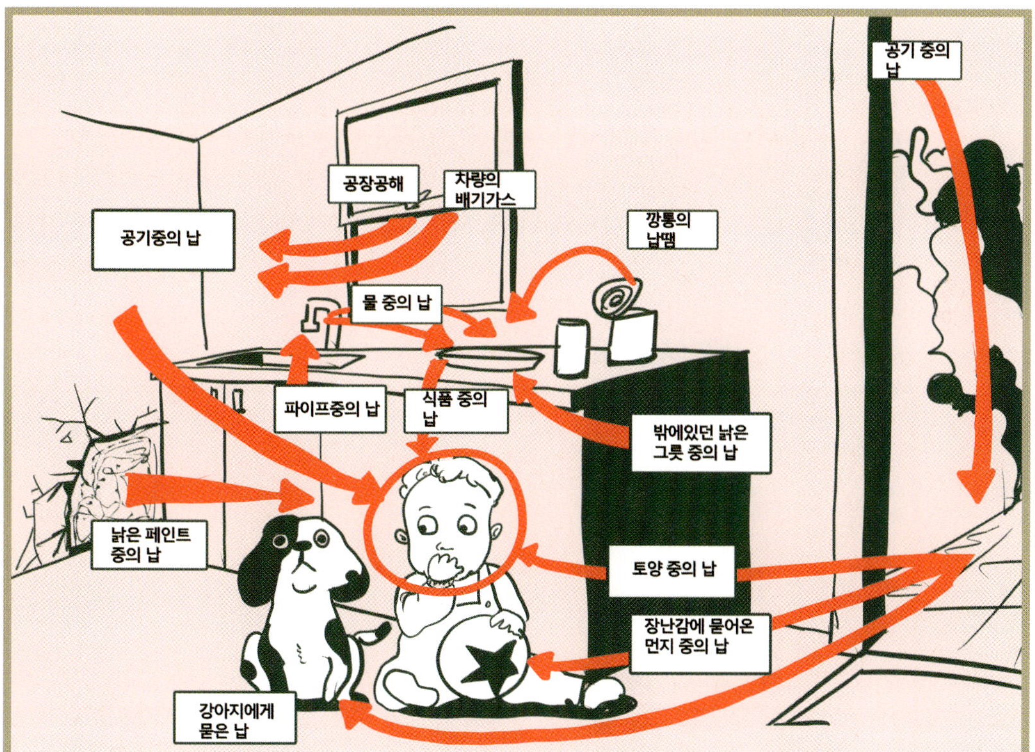

출처 : 생애주기영양학. 김은경 외, 2008

② 납중독 예방

- 먼지 속에는 납이 함유되어 있으므로 유아가 있는 가정에서는 집안을 더 깨끗이 청소해야 한다.

- 흙에도 납이 들어 있으므로 놀이터에서 흙을 만지거나 장난감을 만진 후에는 반드시 손을 씻게 한다. 장난감과 인형 등도 정기적으로 씻어 납이 묻어 있지 않도록 한다.

- 페인트와 페인트칠 된 건물을 조심한다. 페인트가 칠해진 곳이나 칠이 벗겨진 놀이기구가 있으면 사용하지 않는 것이 좋다.

4) 간식 영양관리

유아기는 성장과 발달이 왕성하여 영양요구량은 매우 높으나 소화기능이 미숙하여 한꺼번에 많은 양을 먹지 못해 정규 식사만으로는 충분한 영양을 공급받기 어렵다. 따라서 유아는 부족한 영양소 및 에너지를 보충하기 위해 식사 사이에 적어도 하루 2회 간식을 먹어야 한다. 2009년도 국민건강영양조사에 따르면 우리나라 영유아기 아동의 86~88%는 하루 2~3회 이상 간식을 섭취하는 것으로 나타났다 그림 7-9 .

그림 7-9 ▸▸▸ 영유아기 간식 섭취빈도

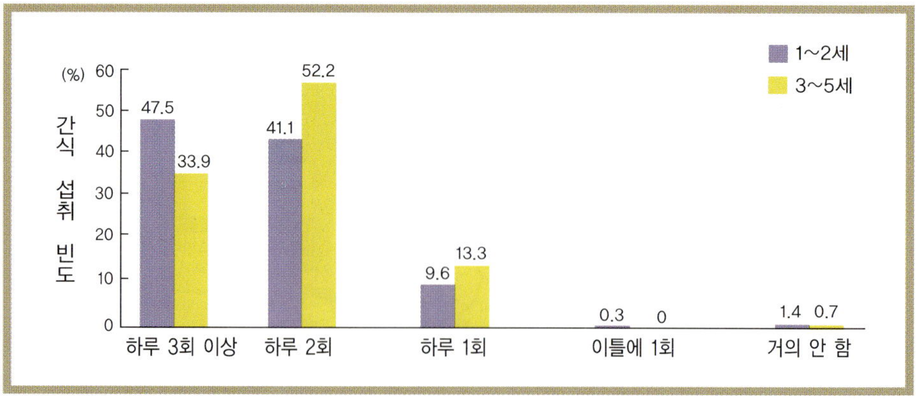

출처 : 2009 국민건강통계. 보건복지부 질병관리본부, 2010

간식시간을 통하여 유아는 음식에 대한 기호와 태도, 식사예절과 식습관을 형성하게 되므로 정서 및 교육적인 면을 위해서도 꼭 필요하다.

(1) 간식의 선택

계획 없이 실행한 간식은 식욕감퇴, 편식조장, 영양과잉으로 인한 비만을 초래할 수 있으므로 신중하게 계획하여 운영해야 한다. 전분 중심의 간식보다는 정규 식사에서 부족하기 쉬운 영양소를 중심으로 간식의 양과 종류를 선택하도록 한다.

간식을 선택할 때에는 다음과 같은 사항을 고려한다.

- 유아가 섭취해야 할 1일 총열량과 단백질, 비타민 등을 고려하여 영양 섭취가 부족한 것을 선택한다.
- 부족해지기 쉬운 수분, 비타민, 무기질을 공급해 줄 수 있는 과일이나 채소를 선택한다.
- 위에서 정체시간이 긴 지방과 단백질 함량이 지나치게 높은 음식은 정규 식사에 영향을 줄 수 있으므로 소화가 잘되는 가벼운 식품으로 선택한다.
- 시각과 미각에서 만족감을 줄 수 있는 것으로 선택한다.
- 신선한 제철식품으로 선택한다.
- 당분이 많은 음식 또는 자극적인 음식은 간식으로 적당하지 않다.
- 유화제, 발색제, 보존제 등 식품첨가물이 함유된 인스턴트식품, 탄산음료, 과자류 등은 되도록 간식으로 제공하지 않는다.
- 간식으로 제공되는 식품과 정규 식사의 메뉴는 중복되지 않게 한다.

(2) 간식의 분량 및 횟수

간식의 분량 및 횟수는 정규 식사에 따라서 달라지며, 간식의 양이나 횟수가 많을 경우 식사에 영향을 주기 때문에 주의해야 한다.

- 간식을 줄 때는 1일 필요 열량의 15~20% 이상이 되지 않도록 하며, 한 번에 많은 양이나 여러 종류의 음식을 제공하는 것은 피하고, 정규 식사 전 1시간 이내에는 주지 않는다. 하루 중 오전 10시경, 오후 3~4시경에 두 번, 한 번에 한두 가지 음식을 제공한다.

- 간식의 분량과 횟수가 너무 적거나 많을 경우, 영양결핍과 비만의 원인이 될 수 있고 치아가 상할 수도 있다. 잠들기 직전 간식을 먹이는 경우에는 반드시 치아를 닦도록 해야 한다.

(3) 간식으로 적당한 음식의 종류

간식으로 열량, 단백질 및 칼슘, 비타민 등을 공급할 수 있어야 하며 간식으로 적당한 음식은 표 7-11 과 같다.

표 7-11 | 간식으로 적당한 음식

구분	식품명
열량 급원식품	비스킷, 쿠키, 샌드위치, 밀전병, 감자, 고구마, 카스텔라, 밤, 옥수수, 주먹밥, 떡볶이, 핫케이크 등
단백질 및 칼슘 급원식품	우유, 요구르트, 치즈, 여러 종류의 계란요리, 푸딩, 두유, 콩가루 섞인 미숫가루, 삶은 콩, 땅콩, 소시지, 핫케이크, 두부구이, 햄카나페
비타민 급원식품	과일주스류, 과일셰이크, 사과, 귤, 포도, 배, 복숭아, 감, 수박, 채소모둠전, 채소나 과일샐러드, 토마토, 참외, 오이와 당근 등의 채소 스틱

출처 : 아동영양학. 하애화 외, 2011

영유아에게 유의해서 제공해야 할 간식의 종류는 어떤 것이 있나요?

영유아 급식소에서는 식사로부터 섭취한 에너지 및 영양소의 부족한 부분을 채우기 위하여 영유아에게 간식을 제공한다. 2007년 1년간 어린이 삼킴사고에 대한 위해사례를 분석한 결과에 의하면, 연령별 질식사고 비율이 만 1~3세까지가 전체의 54.7%(127건), 만 4~6세가 19.3%(45건)로 나타나 만 6세 이하의 안전사고 발생이 전체 어린이 질식 사고의 84.8%를 차지한 것으로 나타났다. 이 중 식품으로 인한 질식 사고는 16.0%(37건)로 콩류 13건, 사탕류 7건, 뼈나 가시 6건, 과자류 4건 기타 7건으로 분석되었다. 이처럼 영유아는 음식물에 의한 질식이 발생하기 쉬우므로 사탕류 및 과자류뿐 아니라 견과류, 포도, 인절미, 젤리 등을 간식으로 제공할 때 주의해야 한다.

출처 : 어린이 삼킴사고 안전실태 조사. 소비자안전본부, 2007

Chapter 8

영유아기 식생활관리

1. 식생활관리
2. 식생활 행동
3. 식습관 형성

Chapter 8

Chapter 8

영유아기 식생활관리

1. 식생활관리

1) 영아기 식생활관리

영아기 식생활은 영아의 섭취능력과 발달 정도에 따라 크게 수유기와 이유기로 나눌 수 있으며, 이에 따라 식생활관리가 이루어져야 한다. 유즙에 의존하는 수유기는 영아의 성장속도, 건강상태, 활동정도, 체질, 모유 분비상태, 주위환경, 계절 등에 맞추어 관리가 필요하다. 특히 이유기에는 유즙의 이외의 다양한 식품에 대한 좋은 인식을 가질 수 있도록 해야 하는데, 이는 이후의 유아기 편식을 예방하고 올바

표 8-1 | 영아의 식생활관리 시 주의점

- 수유 시에는 영아를 안고 먹여야 하며, 치아우식증 예방을 위해 잠이 들었을 때는 젖병을 물리지 않는다.
- 조제분유는 정해진 양을 물에 타서 먹여야 안전하다. 물에 탄 후 실온에서 1~2시간 이상 방치하지 말아야 하며 먹다 남은 우유는 버린다.
- 이유식은 숟가락을 이용하고, 영아가 스스로 먹을 수 있도록 해야 한다.
- 이유식은 간을 하지 않고 싱겁고 담백하게 준비한다.
- 이유식은 영아가 씹고 삼키기 편하게 조리한다.
- 포도와 같은 과일은 아기가 한꺼번에 삼켜 질식할 수 있으므로 씨를 빼고 잘게 잘라서 준다.
- 소화력이나 영양을 고려할 때 시유는 생후 1년이 지난 후 먹이는 것이 안전하다.

른 식습관을 형성할 수 있는 기반이 되는 시기이기 때문이다. 영아의 식생활 관리 시 주의점은 표 8-1 과 같다.

2) 유아기 식생활관리

유아기는 언어가 급속히 발달하면서 인지능력과 함께 자아개념이 발달하고 신체 조절기능, 두뇌 완성이 이루어지는 시기이며, 영아기의 급속한 성장이 끝난 후 완만한 성장이 이루어지는 시기로 식욕이 감소하고 식행동의 변화가 나타나므로 유아기의 식생활관리는 매우 중요하다. 유아는 또래집단과 접촉이 증가하고 자신의 주장과 방식대로 하려는 경향이 강하므로 이에 따른 유아기 특유의 식행동을 보인다.

따라서 유아기는 음식에 대한 기호, 식사예절, 위생습관 등이 형성되는 시기로 올바른 식행동과 좋은 식습관 형성을 위한 식생활관리가 필요하다.

2. 식생활 행동

식생활 행동이란 식생활과 관계되는 모든 일련의 행동, 즉 여러 가지 습관이나 태도는 물론 음식에 대한 기호, 음식과 관계되는 위생습관, 식사예절 등을 포함한 행동을 뜻하는 말이다. 식생활 행동은 신체발달과정에서 자연스럽게 몸에 배게 되므로 어떤 상황에서 식품을 선택할 때 학습과정을 통해 습득한 식생활 행동체계에 따른 의식적인 행동을 하는 것이 아니라 무의식적으로 이루어진다. 이러한 식생활 행동에 의해 섭취상태가 결정되고, 이는 영양상태 및 건강상태에 영향을 미치게 된다.

1) 영유아기 식생활 행동

- 식생활 행동은 자아의식이 발달되는 유아기 때 기호 형성으로부터 시작되며, 이 시기는 음식 탐닉 현상이 두드러져 잘 먹던 식품을 거부하거나 매끼 식사 때 특정 식품을 요구하기도 한다. 이러한 식생활 행동은 일상 식품에 대한 지루함의 표현일 수도 있고 주위 환경에 의해 새롭게 깨닫게 된 것을 주장하는 수단일 수도 있다.

- 일단 형성된 식생활 행동은 변화시키기 어렵기 때문에 유아의 부적합한 식생활 행동을 교정하기 위해 부모는 강압적이고 무리한 통제를 해서는 안 되며 방임해서도 안 된다. 부모는 이 시기를 발달의 한 과정으로 일시적인 현상임을 이해하고 올바른 식습관 형성을 위해 스스로 모범을 보여주는 것이 바람직하다.

2) 영유아기 식생활 행동의 결정 요인

(1) 가정환경

부모를 비롯한 양육자의 식행동은 영유아의 식행동에 영향을 주므로 양육자의 영양에 대한 지식은 매우 중요하다. 부모와 양육자의 영양교육이 영유아의 양호한 건강상태와 직결될 수 있으며 부모와 자녀 간의 원만한 관계와 많은 대화가 영유아의 올바른 식행동 형성에 도움이 된다.

(2) 가족구조의 변화

핵가족화와 맞벌이 가족의 증가로 이들 가정의 유아들은 외식, 인스턴트식품 및 패스트푸드, 가공식품 등의 의존도가 높아지고 있으며 지방, 소금, 설탕 등의 섭취량도 높다.

(3) 모델이 되는 사람

영유아들은 모델이 되는 친구, 선생님, 형제 또는 연예인 등 좋아하는 사람의 행동을 따라하는 경향이 있으므로 식행동 역시 모방하는 습성을 보인다. 모델을 활용하여 편식 등의 식습관 교정 효과를 얻을 수 있으며, 영양교육에 이용할 수 있다.

(4) TV 등 대중매체

영유아는 TV에서 유행하는 만화와 광고에 영향을 받아 특정 식품을 혐오 또는 선호하게 된다. TV 시청은 영유아들의 생활습관에도 영향을 준다. 즉 TV 시청으로 인한 활동량의 감소와 TV 시청 중 섭취하게 되는 과자 같은 간식은 비만을 유발할 수 있다. 또한 TV에서 방영되는 광고가 인스턴트식품, 고지방 · 고설탕 식품, 탄산음료에 치우쳐 불량한 식습관을 유도할 수 있다.

3) 영유아기 식생활 행동의 특징

(1) 영아기 식생활 행동의 특징

영아기의 균형 잡힌 영양공급은 이후의 성장 기초를 마련하고 긍정적인 성장을 이루는 데 도움이 되지만, 영양불균형과 결핍은 성장부진, 빈혈, 비만 등 여러 문제를 야기할 수 있다. 영양불균형과 영양실조를 예방하기 위해 가정과 보육시설에서는 균형 잡힌 식단을 제공하고 위생적인 식생활 환경을 마련해주어야 한다.

표 8-2 | 영아기 식생활 행동 특징

개월수	영아기 식생활 행동의 특징
4~5개월	• 이전보다 균형 잡힌 자세로 앉음 • 사물을 입에 집어넣음 • 우유병 위에 손을 가져감 • 배고프지 않을 때 음식에서 고개를 돌림 • 음식이 담긴 숟가락을 향해 상체를 구부릴 수 있음
6~7개월	• 이가 남 • 위아래로 씹는 행동을 보임 • 음식을 손바닥, 손가락으로 집어서 입에 넣음 • 컵으로 소량의 음료를 마실 수 있음 • 손으로 우유병을 잡음
7~8개월	• 어른이 조금 도와주면 혼자 앉을 수 있고 혼자 먹기 시작함 • 이전보다 입안에서 음식을 더 잘 다룸 • 컵으로 음료를 비교적 잘 마심
9~12개월	• 비교적 정확하게 물체를 잡거나 놓을 수 있음 • 조금만 도와주면 혼자 먹음 • 컵으로 음료를 잘 마심 • 식사환경을 좀 더 잘 인식함 • 관찰한 동작이나 행동을 따라함

출처 : 아동건강교육. 정효정 외, 2010. 재구성

영아기 급식 시 적절한 열량과 식품의 제공은 빠른 성장과 체중증가에 필요한 영양을 공급해 주고 성장과 발달을 뒷받침해 주며, 다양한 종류의 식품에 대한 경험은 영아의 섭식기술의 습득과 앞으로 식생활을 영위하는 데 도움을 줄 수 있다.

영아기 식생활 행동의 특징은 표 8-2 와 같다.

(2) 유아기 식생활 행동의 특징

유아기 성장속도는 영아기에 비해 낮지만 성장과 유지에 필요한 영양소를 공급할 수 있는 식사가 계속 이루어져야 한다. 또한 유아기에는 각종 기능이 발달함에 따라 기본적 생활습관이 형성되는 시기로 식사도 점차 자립할 수 있게 되는 동시에 소화기능도 발달하여 성인식과 유사한 음식에도 적응할 수 있고 식품 수용의 폭도 넓어진다.

- 유아기 식단은 먹기 쉽고 영양균형과 기호에 맞도록 준비해야 하며 여러 가지 음식을 골고루 접할 수 있는 기회를 제공하고, 가능하면 식품을 이용하여 1일 3식 및 1~2회의 간식도 제공한다.
- 이 시기에는 바람직하지 못한 기호 때문에 편식, 식욕부진, 빈혈, 비만증, 소아당뇨, 충치 등의 문제가 발생할 수 있으므로 이의 교정을 위해 건전한 식생활을 하는 것이 중요하다.

유아기의 식생활 행동의 특징은 표 8-3 과 같다.

① 식품에 대한 기호가 확립된다.

- 자아의식이 발달하고 심리적 변화가 많은 3세 전후에서 7세 전후의 유아에게서 식품 기호가 나타난다. 여자아이가 남자아이보다 식품에 대한 기호가 뚜렷이 나타나며 신경질적인 유아나 과보호 가정의 유아에게 더 자주 나타난다.
- 식품에 대한 기호는 매우 유동적으로, 좋아하던 음식을 싫어할 수도 있고 싫어하는 음식을 좋아하게 될 수도 있다.
- 음식에 대한 기호는 식품이 지닌 원래의 맛 이외에도 색깔, 온도, 씹어서 먹기 좋은 것, 음식의 크기나 모양(입안에 넣기 쉬운 것) 등 음식의 편이성에 따라 달라진다.

- 같은 음식이라도 조리방법, 서빙방법, 크기, 맛, 색 등의 환경에 따라 많은 영향을 받게 되므로 씹기 힘든 음식은 잘게 썰어 부드럽게 조리하고, 맛이나 향이 강한 식품은 다른 식품에 조금씩 섞어 조리하며, 서빙방법 및 환경을 바꿔 보도록 한다.
- 새로운 음식을 제공할 때는 여러 가지 식품을 섞어주는 것보다, 한 가지씩 소개하여 유아가 직접 만져보고 냄새를 맡아보게 하여 각 음식에 대한 좋은 이미지가 기억에 남도록 한다.

표 8-3 | 유아기 식생활 행동 특징

연령	유아기 식생활 행동의 특징
1~2세	• 까다로운 식성으로 식욕이 감소함 • 음식을 삼키지 않고 입에 물고 있음 • 서툴지만 숟가락 사용이 가능함 • 준비된 음식을 혼자 먹을 수 있음 • 식품 탐닉(같은 음식을 계속 먹으려고 고집함)
2세	• 식욕이 증가함 • 음식에 대한 선호도가 분명해짐 • 성인과 다른 친구를 모방하면서 식사예절을 습득함 • 단일 음식을 좋아하고 혼합한 음식을 싫어하며, 익숙한 방식으로 제공되는 음식을 좋아함
3세	• 채소를 제외한 대부분의 식품을 섭취할 수 있음 • 배가 고플 때는 혼자 음식을 먹을 수 있음 • 배고프지 않을 때는 식사에 집중하지 않음 • 음식을 어떤 형태로 달라고 요구함 • 성인과 같이 숟가락 사용이 가능함
4세	• 말하기 좋아하고 먹으면서 말함 • 싫어하는 음식과 좋아하는 음식을 구분할 수 있음 • 먹기 싫으면 울면서 음식을 거부함
5세	• 친숙한 음식을 좋아함 • 가족들이 싫어하는 음식을 자기가 싫어하는 음식으로 인식함

출처 : 아동영양학. 김일옥 외, 2008

유아에게 새로운 음식을 줄 때 이렇게 하세요.

1. **음식을 잘 먹는 역할모델이 되어 주세요.**
   부모, 형제자매, 친구들이 새로운 음식을 잘 먹는 모습을 보여주면 유아도 그 음식에 대해 호기심을 가지고 먹으려고 시도한다.

2. **미각과 시각을 자극해 주세요.**
   음식을 제공할 때 유아가 관심을 끌 수 있도록 색, 질감. 모양의 조화를 이루어 음식을 준비한다.

3. **그릇에 너무 많은 음식을 담지 마세요.**
   음식을 제공할 때는 적은 양을 담는다. 일반적인 유아의 1회 분량은 어른 1회 분량의 1/4 또는 1/2이 적당하다.

4. **또래 친구들과 함께 식사해요.**
   또래 친구들과 함께 식사를 하면 좀 더 먹으려고 한다.

5. **상차림 하기 전 식품에 대한 소개를 해주세요.**
   다양한 식품, 유아에게 생소한 식품을 함께 구매하고, 함께 음식을 준비하고, 키울 수 있다면 키우게 해주어 그 식품과 유아가 친숙해지도록 해준다.

6. **강요하지 말고, 항상 격려해 주세요.**
   새로운 음식을 소개했을 때 먹지 않는다고 강요하지 말고 며칠이 지난 후 가볍게 음식을 다시 소개한다. 유아는 여러 번 볼수록 음식과 친근해져 맛도 보고 싶고 음식을 수용하려고 한다.

7. **음식을 보상과 처벌의 수단으로 활용하지 마세요.**
   음식을 보상과 처벌의 수단으로 활용하면 유아들은 더욱더 그 음식을 수용하려 하지 않는다. 아이들의 성장과 발달이 모두 다르므로 음식에 대한 기호도 다르다는 것을 인정해야 한다.
   예 '브로콜리를 먹으면 밖에 나가 친구와 놀게 해줄께' 라고 말을 한다고 브로콜리를 먹고 싶은 마음이 생기지 않는다.

출처 : 영유아 영양과 활동. 이종숙 외, 2009

② 식사 외 2~3회 간식이 꼭 필요하다.

- 유아의 위의 용량은 성인보다 적으며, 한 번에 섭취하는 음식의 양과 식사에 대한 주의집중 시간이 짧아 하루 3회만으로는 충분한 영양을 섭취하기 어렵다.
- 하루에 필요한 영양섭취량을 5~6회씩 소량씩 나누어 먹여야 영양상태가 양호해진다.
- 유아의 간식은 식사와 식사 사이에 주는 것으로 가벼운 식사의 역할을 하며, 유아 전반기에는 오전과 오후 두 번을 제공하되 간식과 다음 식사시간과의 간격은 2시간이 되어야 한다. 유아 후반기에는 오후 한 번만 주어야 식욕이 저하되지 않는다.

③ 식욕의 변화가 심하다.

유아는 환경에 따라 기호의 변화가 심하므로 수시로 좋아하던 음식이 바뀌고, 섭취하는 양도 줄었다 늘었다 한다. 성장곡선을 따라 꾸준한 성장이 일어나고 있다면 식욕의 변화는 정상적인 상태이므로 걱정할 문제가 아니다.

식욕 변화를 예방하기 위해 식사 분위기를 항상 즐겁게 조성하고 식단을 다양하게 구성하며, 다양한 식재료와 조리법의 활용함으로써 색채나 모양, 크기, 냄새, 온도, 조리법, 담는 그릇 등에 변화를 주는 것도 좋다.

④ 식사태도

유아기에는 혼자 식사할 수 있는 능력이 생기고 손으로 숟가락과 컵을 사용하게

표 8-4 | 유아기 발달에 따른 식사태도

시기	식사태도
1년 3개월	• 숟가락질은 어려워서 잘하지 못하며, 숟가락으로 음식을 떠서 입안으로 가져갈 때 숟가락이 뒤집히며 쏟아짐 • 손가락으로 음식을 집어 입으로 넣음
1년 6개월	• 숟가락을 한쪽 손에 쥐고 음식물을 입으로 넣기 위해 양손으로 그릇을 들어서 물이나 국, 우유 등을 스스로 먹게 됨 • 숟가락 잡는 것은 정확해지나 그릇을 떨어뜨리거나 음식을 흘리는 경향이 있음
1년 6개월 ~2년	• 손목의 움직임이 조절되고 숟가락으로 음식을 먹을 수 있게 되고, 컵을 손에 쥐고 물을 기울여서 마실 수 있게 됨 • 음식과 식품에 대한 좋고 싫은 기호성이 확실해짐
2년~ 2년 6개월	• 숟가락을 손에 쥐는 방법이 좋아지고 컵이나 공기를 한 손으로 잡고 잘 마실 수 있게 됨 • 식사 중 흘리지 않고 깨끗하게 먹는 아이도 있고, 많이 흘리는 아이도 있음
2년 6개월 ~3년 6개월	• 감정이 불안정하고 싫은 음식에 대한 저항감이 강하므로 편식이 생기거나 좋은 식습관이 형성되기도 함 • 식사하는 데 손을 사용하는 능력이 자연스럽고 젓가락질을 시작 • 3세가 넘으면 활동량의 증가로 식욕이 왕성해짐
3년 6개월 ~4년 6개월	• 숟가락과 컵의 사용이 능숙하게 되고, 식사량이 증가하여 식욕도 비교적 안정되고, 좋고 싫은 기호의 차가 적어짐 • 흘리지 않고 먹을 수 있음
4년 6개월 이후	• 식사의 속도가 빨라지고 식사태도에 대해 이해하기 시작함 • 식욕이 증가하고 좋아하는 간식을 요구하며 음식과 식품에 대한 흥미가 생기고 식사태도가 정립되기 시작함

되며 젓가락 사용이 능숙해진다. 성장함에 따라 식사량도 많아지고 식사시간도 빨라지는 등 스스로 음식을 찾고 어른의 도움 없이 식사를 하는 등, 식사태도가 정돈되어 간다. 영유아기 발달에 따른 식사태도는 표 8-4 와 같다.

⑤ 식품선택

유아기는 인지능력과 함께 자아개념이 발달하여 식품선택에 있어 평생의 습관을 결정짓는 식품기호와 식습관이 형성되는 시기이다.

- 유아기 식품선택이나 영양소 섭취량은 어머니와 양육인의 자세에 크게 영향을

표 8-5 | 유아식을 위한 식품선택

<table>
<tr><th colspan="2" rowspan="3">구분</th><th colspan="3">유아식</th></tr>
<tr><th colspan="2">전기</th><th>후기</th></tr>
<tr><th>1세(전반)</th><th>2세(후반)</th><th>3 · 4 · 5세</th></tr>
<tr><td rowspan="8">식품</td><td>형태</td><td colspan="3">스푼이나 포크로 집기 쉬운 것</td></tr>
<tr><td>크기</td><td>앞니로 자를 수 있는 평평하고 큰 것</td><td colspan="2">작은 것, 큰 것 등 여러 가지 크기</td></tr>
<tr><td>굳기</td><td>앞니로 자르고, 어금니로 부술 수 있는 삶은 음식 정도</td><td>어금니로 갈아 으깰 수 있는 부드러운 볶음 음식 정도</td><td>어른보다 조금 부드러운 정도</td></tr>
<tr><td>향신료 · 산미</td><td>가급적 피함</td><td>미림, 맛술, 와인</td><td>마늘, 생강, 머스터드를 소량 사용해 익숙하게 함</td></tr>
<tr><td>날것</td><td>찬 날두부처럼 양념장에 찍어 먹는 음식 등</td><td>신선한 과일</td><td>로스트비프, 마, 야채샐러드 등</td></tr>
<tr><td>기름</td><td>과자 등의 기름은 가능한 한 피함</td><td colspan="2">과자 · 동물성지방 · 기름은 가능한 한 피함</td></tr>
<tr><td>차가운 것</td><td colspan="2">아이스크림</td><td>아이스캔디</td></tr>
<tr><td>맛</td><td>마요네즈, 케첩, 치즈가루, 꿀, 카레가루 등</td><td>우스터소스, 생강 등</td><td>탕수육, 파드득나물 등 향이 나는 야채</td></tr>
<tr><td colspan="2">식생활</td><td>음식에 대한 의욕 · 흥미 생김</td><td>• 음식을 즐김
• 맛보고 비교할 수 있음</td><td>• 남기고 나누고 쌓아두고 양보함
• 식사예절</td></tr>
</table>

출처 : 아동건강교육. 정효정 , 2010. 재구성

받는다. 즉 부모 또는 가족의 식생활에 동화되거나 모방을 통해 식사기호 등이 형성된다.

- 유아의 식사 및 간식의 선택, 섭취량을 결정할 때는 식품선택보다는 식사량 결정에 유아의 의사가 많이 반영된 것으로 나타났으며, 정규 식사보다 간식의 선택 또는 섭취량 결정에 더 많이 의사가 반영된다.

유아를 위한 식품선택은 표 8-5 와 같으며, 두뇌발달에 영향을 미치는 식품은 표 8-6 과 같다.

표 8-6 | 영유아기 두뇌발달에 영향을 미치는 식품

역할	식품	영양소
머리를 좋게 하는 식품	모유, 등푸른 생선	DHA
	육류 : 돼지, 토끼, 오리고기 등 생선 : 꽁치, 연어, 정어리, 뱀장어, 고등어, 도미, 청어, 방어 등 견과류 : 검은깨, 호두, 잣, 아몬드, 아보카도	불포화지방산
사고력과 기억력을 기르는 식품	식물성 단백질 : 콩 동물성 단백질 : 대구, 날치, 참치, 연어, 가다랑어, 꽁치, 청어 등	단백질
뇌의 활동근원 및 자양식품	벌꿀, 보리, 메밀, 국수	탄수화물
뇌세포 활성화	비타민 B_1 : 쌀눈, 쌀겨, 돼지고기, 메밀국수, 호밀빵 비타민 B_6 : 정어리, 대구, 오징어, 콩, 호두, 표고버섯 비타민 B_{12} : 간, 정어리, 전갱이, 오징어, 청어 비타민 C : 파슬리, 브로콜리, 무순, 피망, 딸기 비타민 E : 콩기름, 참기름, 옥수수기름, 콩, 꽁치 등	비타민 B, C, E
머리 회전 및 집중력 향상	말린 새우, 멸치, 정어리, 톳, 검은깨, 빙어, 무말랭이, 말린 미역, 구운 김	칼슘
뇌의 반사 및 지각력 촉진	통째 말린 정어리, 멸치, 삶아서 말린 가다랑어, 강낭콩, 완두콩, 수박, 감, 미역	칼륨
뇌세포 기능 촉진	삶아서 말린 가다랑어, 정어리, 얼려서 말린 두부, 호밀빵, 검은깨, 콩	글루타민산
콜레스테롤 저하	정어리, 연어, 뱀장어, 고등어, 전갱이, 청어, 방어, 도루묵, 붕장어, 갯장어, 김	EPA
미토콘드리아 대사 촉진	톳	코엔자임 Q, 철

⑥ 편식

■ 편식의 정의

편식은 특정 종류의 식품만을 좋아하거나 다른 식품을 거부하는 상태를 말하는데, 한 가지 음식을 먹지 않는 경우가 아니고 특정 식품군, 채소군 또는 생선군을 전혀 먹지 않는 경우를 말한다. 이유기와 4세 전후 영유아에게서 식욕과 식품에 대한 기호도의 잦은 변화 및 편식이 나타나는 것은 일반적인 현상이다. 편식의 원인 및 문제점은 표 8-7 과 같다.

표 8-7 | 편식의 원인 및 문제점

편식은 왜 일어날까?	편식을 하면 이런 문제가 생겨요.
• 이유 방법이 잘못되었을 때 • 식단의 구성이 잘못되었을 때 • 식품의 편중 구매에 따른 사용식품의 제한 • 당분의 과잉 섭취 • 먹은 음식에 의한 구토나 복통 등의 불쾌한 경험 • 억지로 음식을 먹은 경험이 있을 때 • 식사 분위기가 너무 딱딱하거나 꾸지람 등 좋지 않은 식사환경 • 어른들의 과잉보호가 있는 유아의 경우 • 모방을 통해 기호가 형성되므로 가족 중 편식하는 사람이 있을 때 • 어머니의 식품기호도와 식생활 태도 • 동물에 대한 동정	• 영양불균형을 초래함(비만 또는 허약) • 또래 아이들보다 성장과 발육이 늦어짐 • 친구들과 오래 놀지 못함 • 병에 대한 저항력이 감소함 • 신경질적이며 자기중심적인 성격이 됨 • 뇌의 성장과 발달에 좋지 않음 • 허약하고 피로를 빨리 느낌 • 빈혈 또는 변비 생김

■ 편식의 교정

편식이 습관화되면 교정하는 일이 쉽지 않고 상당한 시간과 인내심이 필요하므로 주의해야 한다. 편식은 영양소 불균형뿐 아니라 성격, 인간관계 등에도 영향을 미치게 된다. 하지만 편식은 고정된 것이 아니므로 교정이 가능하다. 편식은 양육자의 양육태도에 기인한 경우가 많으므로 유아를 다른 양육자 아래서 일정 기간 양육시키면 편식이 교정되는 경우도 많다. 편식 교정방법은 표 8-8 과 같다.

표 8-8 | 편식 교정방법

- 편식원인을 알아냄
- 유아가 좋아하는 조리방법으로 바꾸어 조리
- 한 번에 한 가지 음식만 소개
- 새로운 식품과 음식을 소개할 때 처음에는 양을 적게 하여 맛을 경험하게 한 후 점차 양을 늘림
- 일주일에 두 번 정도 새로운 음식을 경험할 수 있도록 함
- 기분 나쁘거나 아플 때에는 새로운 음식을 제공하지 않음
- 배가 고플 때 음식을 주어야 하고 식사량은 적은 듯하게 제공
- 음식을 거부할 때는 강압적으로 먹이지 말고 며칠 후 다시 시도
- 식품을 골고루 섭취해야 하는 이유 설명
- 좋아하는 친구들과 즐겁게 먹을 수 있는 환경을 조성
- 부모의 편식 습관을 먼저 수정
- 엄마와 함께 장을 보며 식품을 선택하게 하거나 조리에 참여시키는 등 음식 관련 활동에 직접 참여하도록 함

편식하는 식품 이렇게 먹여요~~~

식품	편식하면	어떻게 먹을까요?
 밥	몸이 피곤하고 기운이 없어짐	• 먹기 좋게 식혀 주고 볶음밥, 김밥, 주먹밥 등으로 밥에 변화를 줌 • 유아와 함께 예쁜 모양틀에 밥을 넣어 모양을 만들어줌
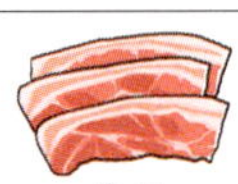 육류	성장발육이 늦고, 근육이 약해짐	• 고기는 다져서 조리하거나 냄새를 제거하기 위해 소스, 초간장, 케첩을 이용해서 먹음
 생선류	뇌의 성장발육이 늦어짐	• 생선살로 튀김옷을 입혀 튀겨 내거나 튀길 때 카레가루와 같은 향신료를 묻혀 냄
 우유 및 유제품	뼈의 성장이 늦어짐	• 식빵에 우유와 달걀을 입혀 토스트, 스크램블드에그를 만들거나 과일과 우유를 갈아 적당히 얼려줌 • 코코아 가루 등을 활용해도 좋음
 채소류	빈혈, 면역력 감소, 감정 불안정, 피부가 거칠어짐	• 튀김이나 전을 해주고, 좋아하는 식품과 같이 제공하되 갈거나 다져서 골라내지 못하도록 함

출처 : 영유아 영양과 활동. 이종숙 외, 2009

우리가 모르는 편식의 비밀

■ 낯선 것에 대한 공포, 네오포비아(neophobia)

나이에 따른 네오포비아

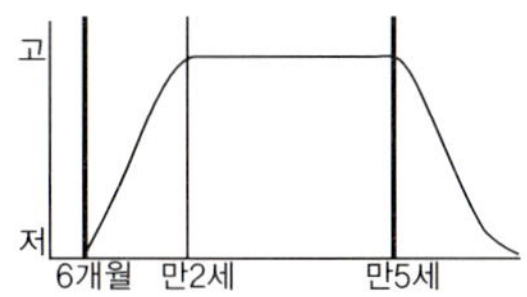

생후 6개월 정도가 되면 새로운 것에 대해 두려움(네오포비아)를 느끼게 됩니다.

이는 음식에도 적용되며, 만 2~5세가 되면 최고조에 달했다가 5세 이후 차츰 줄어들지만 이 시기에 다양한 음식을 접하지 않으면 성인까지 유지된다.

■ 아이의 자존감과 음식 네오포비아 발달 관계

음식 네오포비아와 자아존중감 발달

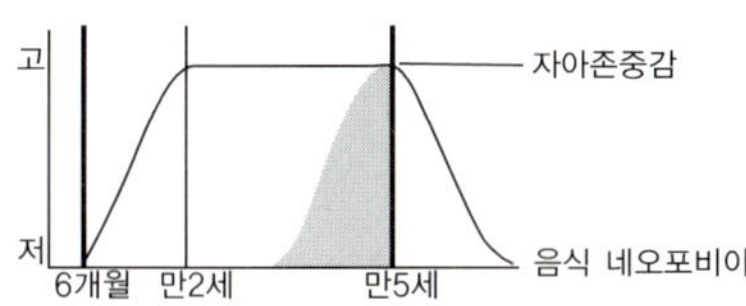

새로운 음식에 대한 네오포비아가 생겼다가 줄어드는 시기와 자아존중감이 형성되는 시기(만 2~5세)는 일치한다.

편식이 시작되는 시기도 이 시기(만 2세~만 5세)인데 이때 식습관이 좋지 않을 경우 아이의 자아존중감에 영향을 줄 수 있다.

■ 네오포비아가 가장 높은 음식, 야채

다양한 음식을 접하는 만2세 이후의 시기에는 네오포비아가 분명하게 나타난다.
여러 음식 중 야채에 대해 많이 나타나게 되는데, 이 시기에 야채를 맛있게 먹도록 하는 방법은?

8번 노출의 법칙

싫어하는 음식을 여러 번 밥상에 올려 자주 접하게 한다. 푸드 브리지를 통해 최소 8번 이상 밥상에 올려 아이들에게 익숙하게 한다.

푸드 브리지 Food Bridge 같은 재료를 이용해 단계별로 다양한 음식을 제공하여 싫어하는 음식을 친숙하게 만드는 데 효과적이다.

1단계

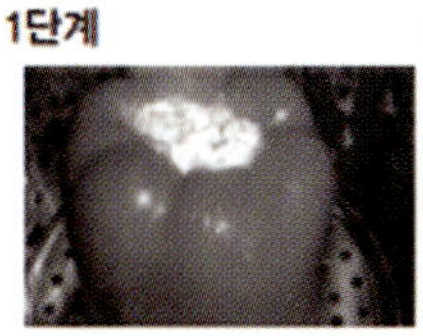

싫어하는 야채를 놀이도구나 식기로 활용해 시각적으로 친숙하게 한다.
(파프리카계란찜 – 파프리카를 그릇으로 이용)

2단계

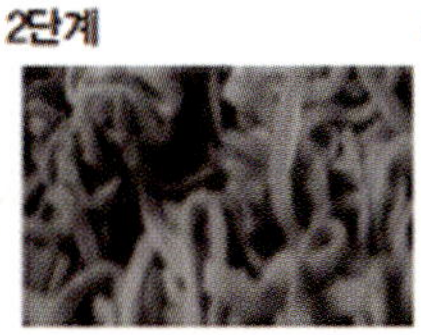

재료를 알아볼 수 없게 하되 모양이나 색 등으로 호기심을 자극한다.
(파프리카칼국수 – 파프리카 즙을 내어 반죽한다.)

3단계

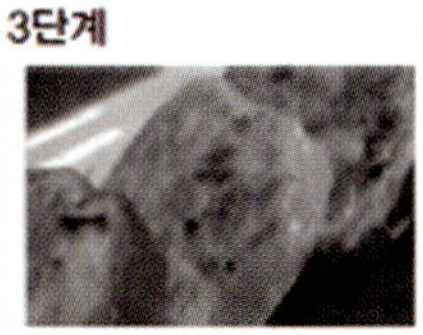

아이가 거부감을 갖거나 골라내지 않도록 다른 재료와 썼어서 준다.
(파프리카전 – 돼지고기와 섰어 전을 부쳐준다.)

4단계

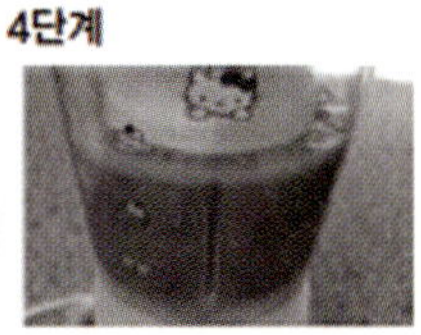

셰이크나 즙 등으로 만들어 재료 본연의 맛을 느낄 수 있도록 한다.

출처 : 울산시 보육정보센터

4) 유아기 식품 및 식사 섭취 현황

우리나라 1~2세 유아의 경우 우유, 백미, 두유 순으로 섭취량이 많았으며, 3~6세의 경우 우유 섭취량이 가장 많았다 그림 8-1. 3~6세의 경우 돼지고기와 그 가공품인 소시지, 햄, 베이컨 등의 섭취량이 높게 나타났다. 그러나 채소류 섭취량은 점점 줄어드는 경향을 보였고, 연령이 증가할수록 우유 섭취량도 점점 감소하였다.

그림 8-1 ▸▸▸ 영유아기 다소비 식품

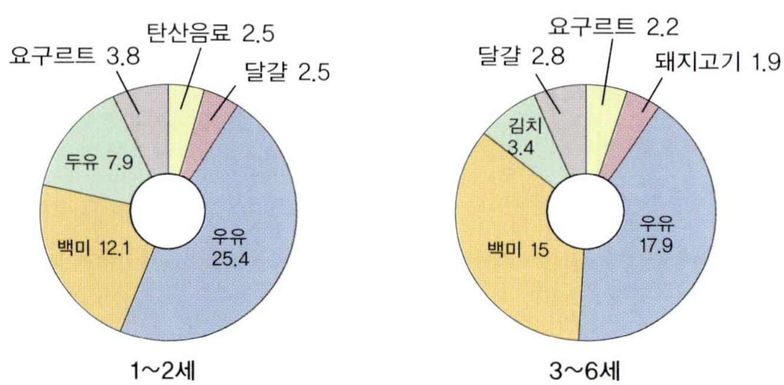

출처 : 국민건강영양조사. 보건복지부, 2005

아침을 굶으면 어떤 문제점이 있을까?

영어의 'breakfast'는 '단식을 깬다는 의미'를 담고 있으며, 아침식사는 전날 마지막 식사 후 10~12시간 동안 지속된 단식을 중단하기 위함이다.

- 아침 결식 아동의 1/3이 하루 단백질 요구량을 충족하지 못하고 있으며, 75%가 칼슘에 대한 일일권장량을 충족시키지 못하고 있음
- 학습무능력, 주의력 결핍, 부진한 언어발달, 늦은 사고력 및 기억력 회복, 낮은 IQ와도 관계 있음
- 높은 결석률 및 적은 학습량을 초래
- 질병과 감염에의 저항력 약화로 질병을 야기
- 불규칙한 식습관으로 과식, 야식, 결식 등에 의해 장기적인 영양불균형 초래
- 간식과 점심의 폭식으로 소화기관 장애(변비 등)와 비만을 초래

출처 : http://www.foodnews.co.kr(2011. 10. 26)

〈영유아기 아침 결식률〉

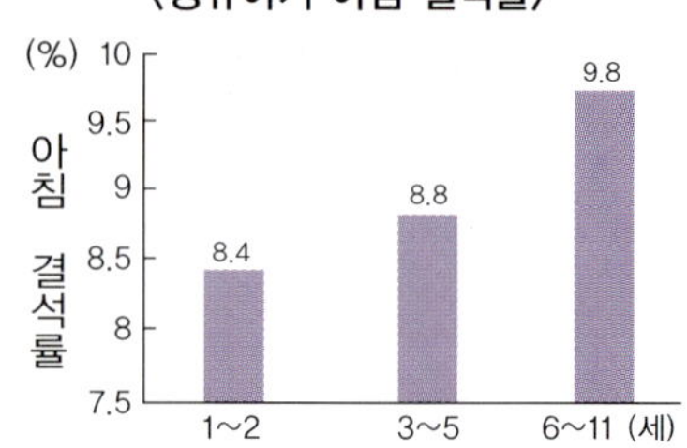

출처 : 생애주기영양학. 이현옥 외, 2012

5) 유아기 식사원칙

- 유아식 시작과 함께 분유를 완전히 끊고 생우유나 두유를 하루 500mL 넘지 않게 간식으로 제공한다.
- 한 끼의 양은 유아 공기로 한 공기와 반찬 한 공기 정도가 적당하다.
- 국과 반찬에 조금씩 간을 한다. 짜지 않게 아주 싱거울 정도로만 간을 한다.
- 밥과 반찬을 골고루 갖춰 주면서 꼭꼭 씹어 먹게 한다. 음식을 골고루 섭취하게 하고 꼭꼭 씹어 먹게 하면 소화작용이 촉진되고 두뇌발달에도 도움이 된다.
- 밥을 국에 말아주지 않는다. 밥을 말게 되면 침 속의 소화효소가 묽어져 소화흡수가 제대로 이루어지지 않는다.

6) 유아기 식사예절

여럿이 함께 하는 식사시간은 식사에 대한 예절을 배울 수 있으므로 즐겁고 편안한 식사시간과 환경이 되도록 분위기를 만들어주고, 부모와 교사의 끊임없는 관심과 배려가 필요하다.

- 음식을 먹기 전 반드시 손을 씻도록 한다.
- 식사 후 흘린 음식과 식탁 및 의자를 정리하도록 한다.
- 바른 자세로 앉아서 식사하도록 한다.
- 음식을 먹기 전과 후 감사의 인사를 항상 하도록 한다.
- 음식을 먹는 시간에는 돌아다니지 않도록 한다.
- 음식을 입안에 넣고 이야기하지 않도록 한다.
- 식사 후 식기를 정해진 장소에 갖다 놓도록 한다.
- 식사 후 양치질을 바로 한다.

7) 유아기 식사환경

- 유아가 식사하는 공간은 밝고 환기가 잘되며, 식탁과 의자가 아동의 몸 크기에 적합해야 한다. 또한 아동이 사용하는 식판이나 컵, 그릇, 수저 등의 식생활 도

구도 알맞은 크기로 준비하고 깨어지지 않는 재질을 선택하는 것이 좋다.

- 안정감 있는 식사분위기를 유지하기 위해 가능한 한 식사시간 전후에 조용하고 차분한 활동을 하는 것이 좋다. 유아교육기관에서는 3세가 되면 식사와 간식시간을 일정하게 정하여 다른 아동들과 함께 먹도록 지도하는 것이 좋다. 3~5세 유아의 경우 식당을 따로 마련하여 이용하도록 하는 것이 편리하다.

3. 식습관 형성

식습관이란 조상으로부터 오랫동안 전승되어 온 식행동의 패턴으로, 좋은 식습관 형성을 위해 영양적으로 우수한 식사내용과 식사환경이 무엇보다 중요하다.

- 올바른 식습관 형성을 통하여 균형 잡힌 영양섭취를 한 유아들의 경우 각종 질병에 대한 저항력이 높았으며 원만한 성격의 소유자가 될 수 있다(Wright와 Radiclife, 1992). 균형 잡힌 식사와 함께 식사에 참여하는 가족과의 대화, 식사도구 및 환경, 조용하고 산만하지 않은 즐거운 식사시간을 제공하는 것이 좋은 식습관 형성에 영향을 준다.
- 모방하기 좋아하는 유아들의 식습관 형성은 그들의 부모와 손위 형제 · 자매의 영향을 받게 된다. 또한 유아들의 식습관은 부모의 시범이 효과적이며, 강요가 아닌 칭찬으로 지도해야 한다.
- 유아기 식습관에 의한 영양장애는 직접적으로는 영양소 공급을 통한 건강문제와 관련이 깊고, 간접적으로는 일생을 통한 식습관에 장기적으로 영향을 주는 등 인체의 성장과 발달에 중요한 영향을 미친다(김은경 등, 2003)

유아는 음식과 식사시간에 대한 긍정적인 태도가 형성된 뒤 좋은 식사예절과 바람직한 식습관을 형성하게 되므로 유아교육기관의 교사는 유아의 간식이나 식습관을 지도할 때 다음과 같은 사항을 지도해야 한다 표 8-9 .

표 8-9 | 바람직한 식습관 형성을 위한 식습관 지도내용

• 간식, 식사 전 손을 깨끗이 하기 • 식사준비 돕기 • 식사 전 · 후에 감사하는 마음 표현하기 • 바른 자세로 앉아서 먹기 • 음식을 입속에 넣고 말하지 않기 • 조용히, 천천히, 꼭꼭 여러 번 씹기 • 그릇과 수저, 젓가락 바르게 사용하기 • 적당한 시간 안에 먹기 • 흘리지 않고 먹기 • 어른이 식사를 시작한 후 숟가락 들기	• 편식하지 말기 • 우유를 매일 마시기 • 짜게 먹지 말기 • 간식, 식사가 끝나도 다른 또래들이 식사를 마칠 때까지 기다리기 • 자신이 먹은 식기 정리하기 • 식사 후 주변 정리하기 • 식사 후 양치질하기 • 간식, 식사는 기쁘고 즐거운 일임을 인식하기

출처 : 아동영양과 건강교육. 송태희 외, 2010

Chapter 9

유아기 식생활 지도 및 영양교육

1. 유아기 식생활 지도
2. 유아기 영양교육

Chapter 9

Chapter 9

유아기 식생활 지도 및 영양교육

1. 유아기 식생활 지도

- 유아는 스스로 음식을 선택하고 식품에 대한 기호가 분명해지는 등 식습관의 기초가 형성된다. 그러므로 식습관이 완전히 고착되어 습관화되기 전에 충분한 영양관리를 해주고 올바른 식생활 태도를 형성하게 하는 것이 매우 중요하다.

- 유아기 식생활 지도의 기본 방침은 빠른 시기에 식습관을 확립하도록 하는 것이며, 유아의 발달에 적합한 내용으로 식습관 자립을 이루도록 하고 바람직한 식습관을 형성하도록 하는 데 목적이 있다.

- 유아기에는 유아가 음식을 선택하고 양을 결정하는 데 감정적인 요인이 크게 작용하며 유아 스스로 적극적인 역할을 하게 된다. 따라서 유아의 심리적인 면을 유심히 관찰해서 식사지도를 해야 하며, 유아도 자신의 건강과 영양을 위해 적절한 식품을 선택하는 데 필요한 지식을 배울 수 있도록 가정과 유아교육기관에서의 적절한 지도가 필요하다. 연령에 따른 식생활 지도방안은 표 9-1 과 같다.

- 3~5세 유아교육기관을 대상으로 식생활 지도의 일환으로 영양교육프로그램을 실시한 결과, 유아는 건강을 위해 좋은 음식과 그렇지 않은 음식을 구분할 수 있게 되고, 영양과 식품에 대한 지식과 경험이 증가하였으며, 올바른 식사예절과 위생습관을 형성한 것으로 나타났다.

표 9-1 | 연령에 따른 식생활 지도방안

연령	식생활 지도방안
1~2세	• 스스로 먹게 하고, 안정된 식사 분위기 조성 • 식사 전 · 후 감사 인사를 하도록 지도
2~3세	• 강제로 먹이지 말고 자연스럽게 식사에 참여할 수 있도록 유도
3~4세	• 일정한 시간 내에 깨끗이 식사하도록 지도
4~5세	• 바른 식사예절 지도

올바른 식생활이란?

올바른 식생활은 제때에, 다양한 식품들을 골고루, 자신의 체중과 활동량에 알맞게, 싱겁게 그리고 온 가족이 한자리에 모여 즐겁게 먹는 것이다. 올바른 식생활을 위해 영유아기 때부터 습관화될 수 있도록 지도하는 것이 중요하다.

- 제때에 : 신체리듬에 맞춰 규칙적으로 식사하는 것은 매우 중요하다. 불규칙한 식사는 소화기관의 손상 또는 질환을 일으키는 등 건강을 해치게 된다. 아침 식사는 자동차에 시동을 걸듯이 인체에 시동을 걸어주는 것이므로 결식하지 않도록 꼭 챙겨 먹어야 한다.

- 골고루 : 영양소는 한 가지 식품에만 함유되어 있는 것이 아니라 여러 종류의 식품에 골고루 포함되어 있으므로, 영양적으로 균형 잡힌 식사를 하려면 다양한 식품을 골고루 섭취하여 너무 과하거나 부족한 영양소가 없도록 해야 한다.

- 알맞게 : 가장 건강한 체중 즉, 표준체중을 유지하기 위해서는 하루에 필요한 에너지와 영양소를 적절히 섭취하는 것이 중요하다. 유아에게 알맞은 양을 섭취하게 하는 것은 비만과 만성질환을 예방하는 한 방법이다.

- 싱겁게 : 소금의 과잉 섭취는 고혈압을 비롯한 순환기계 질환의 주요 요인이다. 건강을 위해 소금 섭취를 하루 10g 이하로 줄이는 것이 좋다.

- 즐겁게 : 식사는 가능한 한 여럿이 함께 하는 것이 좋다. 가족끼리 즐겁게 하는 식사는 그 자체가 즐거움이고 만성질환을 예방하는 방법이 될 수 있다. 가족이 모이는 식탁은 '육체의 영양' 뿐 아니라, '마음의 영양'을 풍부히 얻는 장이 될 수 있다. 여기서 생기는 가족 간의 단단한 유대와 식사에 대한 예의범절은 어디에서도 배울 수 없는 것이다.

출처 : 대한영양사협회

1) 유아기 식생활 지도지침

영유아들이 음식을 즐겨 먹는 태도, 혼자서 스스로 먹는 습관, 식사를 즐겁게 기다리는 습관, 식사하는 동안의 예절, 식사 전후의 위생습관 등과 같은 사항을 효과적인 식생활 지도와 관리를 통하여 바람직한 식행동이 형성될 수 있도록 해야 한다. 식생활 지도지침은 그림 9-1과 같다.

그림 9-1 ▸▸▸ 유아기 식생활 지도지침

출처 : 아동건강교육. 정효정 외, 2010

2) 유아기 식생활 지도내용

유아기 식생활 지도는 일상생활 특히 음식 섭취시간을 전후하여 매일 습관적으로 이루어질 수 있도록 하고, 일관성 있는 지도를 위해 칭찬과 꾸중을 분명히 하도록 한다. 식생활 지도는 음식을 먹기 전, 음식을 먹을 때, 음식을 먹은 후로 나누어 진행할 수 있으며 구체적인 내용은 표 9-2 와 같다.

표 9-2 | 유아기 식생활 지도내용

음식을 먹기 전	• 식사 전 반드시 손을 씻는다. • 식탁과 의자를 바르게 놓고 주변을 깨끗이 한다. • 식사준비와 상차림을 돕는다. • 식탁에 앉을 때는 바른 자세로 앉는다. • 식사와 식사를 준비해준 이들에게 감사하는 마음을 표현한다.
음식을 먹을 때	• 웃어른이 먼저 식사를 시작한 후 식사를 하는 식사 시작에 대한 예절을 가르친다. • 식사 중에는 바른 자세로 앉아서 식사한다. • 식사도구를 바르게 사용하도록 한다. • 음식은 천천히 꼭꼭 씹어 먹으며, 음식을 섭취할 때 소리 내지 않도록 한다. • 음식을 흘리지 않고 먹도록 한다. • 밥과 반찬을 골고루 먹고 편식하지 않도록 한다. • 입가에 음식물이 묻었을 때 깨끗이 하는 습관을 들인다. • 식사시간 내 음식을 먹으며 돌아다니지 않는다. • 음식물을 입안에 넣고 소리를 내거나 말하지 않도록 한다. • 즐거운 식사시간이 되도록 한다.
음식을 먹은 후	• 입가에 묻은 음식물은 휴지나 수건으로 깨끗이 닦는다. • 식사 후에도 감사하는 마음을 표현하도록 한다. • 자신이 사용한 식사도구는 정해진 장소에 갖다 놓는다. • 식탁과 주변 자리를 깨끗이 정리한다. • 식사 후에는 반드시 양치질을 한다.

출처 : 아동영양학. 전남련, 2011. 재구성

2. 유아기 영양교육

영양교육이란 '개인과 집단의 건강과 영양상태 향상에 도움이 되는 행동을 자발적으로 습득하도록 고안된 계획된 학습경험' 을 말한다(손숙미 등, 2007). 최근 여성의 사회진출이 증가함에 따라 영양교육은 주로 유아교육기관을 중심으로 이루어지고 있다. 영양교육은 유아를 대상으로 유아의 건강과 영양상태의 향상에 도움이 되는 다양한 학습경험을 통해 유아 스스로 바람직한 식생활 행동을 습득하고 실천하여 습관화할 수 있도록 돕는 과정을 의미한다.

1) 영양교육의 목적

유아기는 신체기능과 정신기능 발달이 급속히 이루어지는 매우 중요한 시기이며, 성장과 발달로 음식 선택과 기호 및 감각의 발달, 위생적인 습관과 식사예절과 같은 식사행동의 기초가 되는 식습관이 형성되는 중요한 시기이다. 유아기의 충분한 영양공급은 필수적인 것으로 성장 및 발육, 심신발달에 심각한 영향을 미치며, 음식에 대한 태도가 유아의 전 생애에 걸쳐 영향을 미치게 된다.

따라서 유아교육기관에서는 유아가 식사준비에 직접 참여하게 하여 식품에 대한 즐겁고 긍정적인 경험을 제공하고, 식품에 대한 지식을 자연스러운 활동을 통하여 습득하게 함으로써 유아에게 바람직한 영양교육의 기초를 제공하고 올바른 식습관 형성에 도움을 줄 수 있다.

영양교육의 목적은 다음과 같다.

- 식품에 대한 긍정적인 태도와 식사시간의 즐거움을 인식시킨다.
- 다양한 종류의 식품을 경험하고 먹어보도록 유도한다.
- 건강에 좋은 식습관 형성을 돕는다.
- 식품과 건강에 대한 관계를 이해시키기 위해 식사준비에 유아가 직접 참여하게 한다.

2) 사회 변화에 따른 영양교육의 필요성

(1) 가족의 유형과 내용 변화

산업사회를 지나 정보화사회로 변화하면서 자녀의 교육과 직업을 위해 조부모를 떠나 대도시로 이동하게 되었으며, 이에 따라 과거의 대가족 형태에서 핵가족 · 소자녀 가족 · 맞벌이 가족 등으로 가족의 유형이 달라지고 가족의 내용 또한 변화되었다.

- 과거 직계 중심의 대가족 내에서는 가족 안에서 충분히 다양한 인간관계를 체험할 수 있었으며, 다양한 연령층으로 구성된 대가족 안에서 다양한 식생활을 체험할 수 있었다. 어른과 함께 하는 식사시간은 '밥상머리 교육'이라 하여 삶의 예절을 배울 수 있는 귀중한 시간이었다.
- 대부분 신세대 부모는 육아에 대한 준비 및 경험 부재, 육아시간의 절대 부족 등으로 올바른 양육 실천에 많은 어려움을 겪고 있다. 또한 신세대 부모는 자기 자녀에 대한 충분한 이해를 통해 개인차를 파악하여 일대일 맞춤으로 식생활을 실천하기보다는, 일반적인 육아정보나 과대광고를 무조건적으로 따르는 경향이 있다. 그 결과 여러 문제에 직면하여 부모로서 자신감을 잃게 되는 경우가 많다. 따라서 부모로서 자신의 역할에 대한 신뢰감 회복을 위해서 부모가 솔선하여 영양교육을 학습하는 자세가 필요하다.

(2) 취업 주부의 증가

여성의 사회진출 증가와 함께 가정 내 식생활에 투자하는 시간이 상대적으로 줄어들고 있다 그림 9-2. 부모는 자신의 아이에게 출생 직후부터 최고의 음식을 제공하고 최고로 키우려고 하지만 영양에 대한 충분한 이해와 지식이 부족하므로 바쁜 시간을 핑계로 반조리식품, 인스턴트식품, 외식 등으로 식생활을 구성하는 경향이 높다. 특히 성장기 영유아를 둔 취업 주부들은 어린 자녀와 함께 많은 시간을 보내지 못하는 미안함을 무조건 아이들이 좋아하는 음식을 제공하는 것으로 채우려는 경향이 있다. 그 결과 편식, 불균형적인 영양상태, 몸에 안 좋은 방부제나 식품첨가물이 든 음식의 섭취 기회를 부추기게 된다.

(3) 저출산에 따른 소비지출 변화

그림 9-2 ▸▸▸ 여성의 경제활동 참여율

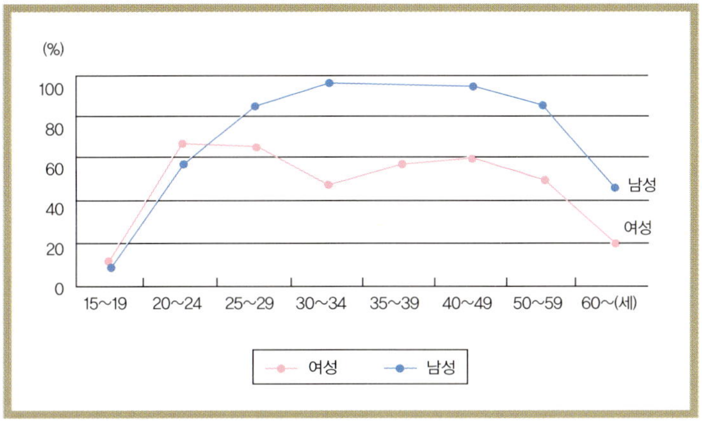

출처 : 아동발달의 이해. 정옥분 외, 2012

가난했던 과거에는 절약과 저축이 미덕이었으나 경제적 성장이 이루어진 이후 신세대 부모들은 자녀에게 풍족한 삶을 제공해 주고 싶은 마음으로 자녀에 대한 투자를 아끼지 않는다.

- 저출산으로 여성 1인당 자녀수가 1.22명으로 줄어들면서 나타난 'VIBVery Important Baby : 매우 소중한 아이' 신드롬으로 "하나 있는 아이만큼은 소중하게 키우겠다"는 심리가 확산되고 있으며, 기업들은 이를 이용해 고급화 및 고가 전략을 강화해 나가고 있는 실정이다.
  (예 일반 분유 매출 감소, 프리미엄급 분유 매출 증가)

(4) 집단생활 연령의 하향화

여성의 사회진출 증가로 유아교육기관에 다니는 아동의 연령이 매우 낮아지고 있다.

- 출생 2개월 후부터 어린이집을 다니는 영아의 경우, 일찍 모유를 끊고 조제분유를 먹게 되므로 어머니와의 충분한 신체접촉을 통한 애착 형성이 어렵게 되

어 정서적 문제를 갖기 쉽다. 이는 소화기 계통의 문제로 연결되어 결국 신체 발달뿐 아니라 정서 및 인지발달에도 악영향을 미칠 수 있다.

- 한창 성장해야 할 유아기에 단체급식을 일찍 경험하게 되므로 각 아동의 특성에 맞는 양질의 식품을 안정된 분위기에서 섭취할 수 있도록 환경을 조성해 주어야 한다.

(5) 가정대용식, 인스턴트, 외식의 증가

취업주부의 증가와 함께 전업주부의 경우에도 시간의 합리적인 이용을 위해 가정대용식과 인스턴트식 구입이 많아지고 외식도 증가하고 있는 실정이다.

- 가정대용식의 경우, 저장을 위해 대부분 냉동식품으로 이루어져 있어 신선한 제철재료로 만드는 요리에 비해 양질의 영양을 충분히 공급받기가 어렵다. 냉동식품의 해동 시 전자레인지 등의 사용에 따른 영양소 파괴도 우려된다.
- 주 3회 이상 인스턴트 식품을 섭취하는 아동의 비율이 0~2세는 11.5%, 3~5세는 24.2%, 6~8세는 30.7%, 9~11세는 32.2%로 꾸준히 증가하고 있다(보건복지부, 2008). 인스턴트식품은 품질유지와 유통기간의 연장, 색깔과 맛, 모양을 좋게 하기 위하여 여러 가지 식품첨가물을 첨가하게 된다. 식품첨가물은 50~80%는 몸 밖으로 배출되지만 나머지는 몸에 그대로 축적되며 인체에 남아있는 첨가물은 서로 결합하여 새로운 독성물질 합성하게 된다.

- 외식의 경우, 1982년 2.4%였던 외식지출이 2005년에는 12.5%로 늘어났으며(한국외식연감, 2006), 아동의 특징을 고려하여 이들에게 적합한 음식을 제공하는 외식업체도 늘고 있으나 대부분 성인의 입맛에 맞게 조리된 음식들로서 아동이 섭취하기에는 부적절한 것도 많다. 아동을 위한 음식의 경우에도 대부분 영양상 불균형을 이루는 제품(지나치게 기름이 많거나 방부제가 많이 들어간 밀가루 음식, 치킨, 돈가스, 피자, 콜라 등)으로 과식과 영양불균형 문제를 초래할 수 있다.

(6) 간식에 대한 이해 부족

- 간식은 식사와 식사 사이에 먹는 음식으로 심한 활동이 이루어지는 중간에 휴식을 줄 수 있으며, 기분을 상쾌하게 하고, 즐거움을 주는 계기가 되며, 정서적 만족감을 준다(정연강 · 조정순, 2003).
- 유아에게 도움이 되는 간식의 제공을 위해서 아동에게 요구되는 적절한 영양을 충분히 함유한 식품을 선택해야 한다. 또한 간식 섭취로 주식을 안 먹거나 덜 먹지 않도록 적절한 시간에 적절한 양을 제공해 주는 것이 중요하다.
- 간식을 단순한 군것질 수준으로 생각해 유아의 선호도만을 반영하여 달고 기름진 음식을 많이 제공하면 충치나 비만을 유발할 수 있으므로 주의해야 한다.

(7) 지나친 광고

영유아를 둔 부모들은 식품을 선택할 때 여러 제품과 충분한 비교를 통하여 선택하기보다는 신문, 잡지, TV 등의 다양한 매체에서 반복적으로 제공되는 일방적인 광고에 의해 선택하는 경우가 많다. 한편 유아들은 광고를 통해 자신에게 친숙한 음식에 관심을 많이 갖고 이를 선택하려 하고, 일단 선택한 음식의 맛을 선호하게 되면 반복해서 섭취하는 경향이 높다. 따라서 유아들이 광고에 현혹되어 무분별하게 식품을 선택하지 않도록 지도해 주어야 하므로 영양교육이 필요하다.

3) 영양교육의 기본 원칙

영유아기 영양교육은 영양결핍으로 인하여 성장 · 발달뿐만 아니라 건강상의 문제가 발생하지 않도록 반복적으로 일관성을 가지고 교육하는 것이 바람직하다. 영양교육의 기본원칙은 다음과 같다.

① 영아기부터 영양교육을 시작한다.

식습관이 고정되기 전부터 영양교육은 이루어져야 하며, 이유기가 지난 후 성인과 유사한 식행동을 할 때부터 적절한 영양교육을 시작해야 한다. 이미 잘못된 식습관도 영유아기에는 지속적인 지도를 통하여 교정이 가능하다.

- 유아의 신체적 · 인지적 발육과정과 맞춰 단계적으로 교육한다 표 9-3.

표 9-3 | 식생활 지도내용

연령	만 1~2세		
식생활에 대한 이해	• 음식물에 대한 이야기를 들음 • 음식물의 이름을 앎 • 식사에 대한 노래나 인사를 함		
구분	식사 전	식사 중	식사 후
유아의 바람직한 자세	• 식사 전 손을 씻음 • 자리에 앉아 식사가 준비될 때까지 조용히 기다림 • '잘 먹겠습니다' 라는 인사말을 함	• 자신의 것과 남의 것을 구별 • 숟가락과 젓가락의 바른 사용법 • 주식이나 부식을 교대로 먹고 부식의 양을 많이 먹음	• 친구들의 식사가 끝나기를 조용히 기다림 • 손과 입 주위를 깨끗이 닦음 • '잘 먹었습니다' 라는 인사말을 함
지도방법	• 필요에 따라 옆에서 도와주고 손을 씻게 함 • 자신의 식탁과 의자에 앉힘 • 모두 함께 '잘 먹겠습니다' 라는 인사말을 하도록 함	• 한 손으로 식기를 잡고 먹는 방법을 가르쳐 줌 • 꼭꼭 씹어 먹을 수 있도록 가르침 • 숟가락과 젓가락의 바른 사용법을 가르침 • 남기지 않고 먹을 수 있도록 돕거나 격려함 • 먹고 마시는 상태를 관찰하여 식욕의 개인차를 인식	• 자신의 물수건 또는 냅킨으로 손이나 입 주위를 깨끗이 닦게 함 • 먹는 속도가 느린 유아는 격려해 주고, 거의 반 정도의 유아가 다 먹었으면 식후 인사를 하게 함

가정에 대한 사항	• 가정방문 또는 설문조사에 의해 유아의 기호, 식사량, 체질, 병력 등을 파악 • 가정과 유아교육기관이 서로 유아의 건강상태 및 식사상황에 대해 연락을 취함 • 유아교육기관에서 식습관 교육방침을 가정에 알려 연장교육이 될 수 있도록 함 • 매월 식단표를 배부 • 부모교육을 통해 급식의 중요성을 이해시킴		
연령	만 3세		
식생활에 대한 이해	• 음식의 이름을 외움 • 음식물과 신체의 관계를 도표와 그림 등의 교재로 교육 • 식사태도로서 음식물을 입에 넣고 잘 씹어 먹는 것 등을 가르침		
구분	식사 전	식사 중	식사 후
유아의 바람직한 자세	• 손씻기는 혼자서 함 • 자리에 앉아 배식되는 음식을 조용히 기다림 • '잘 먹겠습니다'라는 인사말을 함	• 스스로 숟가락, 젓가락을 사용하여 먹음 • 되도록 흘리지 않고 먹음 • 바닥에 떨어진 것은 먹지 않음 • 식사 중 큰소리로 이야기하거나 자리를 뜨지 않음 • 좋은 것, 싫은 것 구분하지 않고 먹음	• 흘린 것은 자신이 주워 주위를 깨끗이 정리함 • '잘 먹었습니다'라는 인사를 함 • 양치질을 함 • 조용히 휴식
지도방법	• 바르게 손씻는 방법을 가르침 • 개인차를 생각하여 알맞게 배식 • '잘 먹겠습니다'라는 인사말을 하게 함	• 싫은 것이 있어도 먹도록 유도 • 건강상태나 식욕에 유의하여 음식량을 가감하여 음식을 남기지 않도록 함 • 싫어하는 것이 있어도 여럿이 먹는 분위기에 따라 먹게 함	• 다 먹은 후 식탁 위·아래 등 주위를 깨끗이 정리하도록 함 • 식사 후 감사의 인사를 하게 하고 양치질을 하도록 함
연령	만 4세		
식생활에 대한 이해	• 도표나 그림 등의 교재로 음식물에 함유되어 있는 성분과 역할을 알게 함 • 손씻기 등 위생에 유의하는 것이 얼마나 중요한지 반복해서 가르침		
구분	식사 전	식사 중	식사 후
유아의 바람직한 자세	• 손씻기를 바르게 함 • 깨끗이 닦은 손으로 이것저것 만지지 않음 • 자리에 앉아 식사가 분배되는 것을 조용히 기다림 • '잘 먹겠습니다'라는 감사 인사를 함	• 숟가락과 젓가락을 능숙하게 사용해서 먹음 • 심하게 흘리지 않고 먹음 • 잘 씹어 먹음 • 다른 사람의 식사를 방해하지 않음 • 돌아다니며 먹지 않음	• 흘린 것을 주워 용기에 담음 • 식기를 치울 수 있음 • 식탁을 깨끗이 닦음

지도방법	• 식탁을 준비하거나 배식을 도와줌 • 식사 전, 식사 후 마음속으로 감사하도록 가르침 • '잘 먹겠습니다' 라는 인사말을 하도록 함	• 식사 중 예절을 친절히 가르침 • 남기지 않고 먹는 습관을 들임 • 일정한 시간 내에 먹도록 가르침	• 먹다 남은 것을 정해진 그릇에 담고 식기를 치우는 일을 돕게 함 • 식탁에 음식물이 떨어져 있으면 치우게 함
가정에 대한 사항	• 가정방문 또는 설문조사에 의해 유아의 기호, 식사량, 체질, 병력 등을 파악 • 가정과 유아교육기관이 서로 유아의 건강상태 및 식사상황에 대해 연락을 취함 • 유아교육기관에서 식습관 교육방침을 가정에 알려 연장교육이 될 수 있도록 함 • 매월 식단표를 배부 • 부모교육을 통해 급식의 중요성을 이해시킴		
연령	만 5세		
식생활에 대한 이해	• 음식물과 건강의 관계에 관하여 도표나 그림을 이용하여 알려줌 • 편식이 건강에 좋지 않음을 인식 • 음식물을 소중히 함		
구분	식사 전	식사 중	식사 후
유아의 바람직한 자세	• 자발적으로 손씻기를 함 • 씻은 후 청결한 수건으로 잘 닦음 • 감사의 마음으로 '잘 먹겠습니다' 라는 인사말 함	• 바른 자세로 차분히 앉아 먹음 • 입속에 음식물을 넣고 말하지 않음 • 잘 씹어서 먹음 • 식사 중 자리를 뜨지 않음 • 정해진 시간 안에 식사를 끝내도록 함	• 흘린 음식을 스스로 치우도록 함 • 식기는 정해진 장소에 소리 내지 않고 갖다 놓음 • 조용히 휴식함
지도방법	• 손씻는 방법을 주의깊게 관찰하여 바른 방법으로 지도 • 식사태도를 바르게 갖도록 철저히 가르침 • '잘 먹겠습니다' 라는 인사말을 하게 함	• 올바른 식사태도로 식사를 할 수 있게 가르침 • 싫어하는 음식이 있어도 먹도록 지도 • 음식을 남기지 않도록 지도	• 식기 닦는 것을 보여줌 • 식탁 주위에 음식물이 떨어져 있는지 확인 • 식사 후 조용한 장난감을 준비해줌

② 습관으로 될 때까지 반복하여 지도한다.

매일 생활에서 행위와 내용을 반복 · 지도하여 유아가 자신의 행동에 익숙해지도록 유도하고 바람직한 식습관이 형성되도록 한다.

③ 교육과정 중 적당한 보상과 격려 및 지도가 행해져야 한다.

유아 스스로의 행동이 옳고 그른지를 칭찬과 격려를 통해 인식하게 하게 한다. 유아들은 어떤 행위에 대해 칭찬을 받음으로써 교육의 긍정적인 효과와 칭찬하는 사람에 대한 친밀감이 형성되어, 이후 활동에 대해서도 바람직한 반응을 기대할 수 있다.

④ 일관성을 가지고 교육하는 것이 원칙이다.

각 가정과 개인의 식행동이 모두 같지 않기 때문에 일관성을 유지하기 어렵고, 이에 따라 유아 자신의 식행동에 대한 올바른 가치관 형성에 어려움을 겪게 된다. 식습관을 지도하는 부모와 유아교육기관의 교사는 긴밀하게 협력하여 일관성 있는 식생활을 지도할 수 있도록 해야 한다.

⑤ 일상생활에서 역할모델이 되어 준다.

유아는 주위 사람을 모방하길 좋아한다. 부모나 형제, 유아교육기관에서 교사 자신이 스스로 모범적인 식행동을 보여줌으로써 유아가 자연스럽게 배울 수 있도록 해야 한다. 부모와 유아교육기관의 교사는 애정과 끈기를 가지고 오랜 기간 교육을 시도하여 바람직한 영양교육이 될 수 있도록 해야 한다.

4) 영양교육의 내용

제7차 유치원 교육과정의 '건강생활영역' 에서 유아들이 바른 식생활을 영위하기 위해 유아의 발달 정도 및 흥미를 고려하여 영양교육 내용을 수준별로 제공하도록 하고 있으며, '건강하게 생활하기' 의 하위영역 중 '바른 식생활 하기' 에 '음식물의 필요성을 알고 골고루 먹는다', '몸에 필요한 음식을 적당한 양으로 골고루 먹는다', '음식을 소중히 여긴다', '음식을 바른 자세로 즐겁게 먹는다' 등 4가지 수준으로 구성되어 있다(교육과학기술부, 2008)

유아기 영양교육을 실행하는 부모나 유아교육기관의 교사는 유치원 교육과정을 바탕으로 식생활에 대한 올바른 인식과 이해, 식생활의 기초 지식과 기능, 올바른 식생활 실천 등을 내용으로 영양교육을 해야 한다 표 9-4 .

표 9-4 | 유아기 영양교육의 구체적인 내용

구분	영양교육의 내용
식생활에 대한 올바른 이해와 인식에 관한 내용	• 영양부족 또는 영양과잉의 문제(식품 섭취와 건강과의 관계) • 영양섭취 실태 및 식품소비 유형의 변화 • 일상 식생활의 결함(편식, 잘못된 식습관의 건강 폐해) • 바람직한 식사예절 형성
식생활의 기초지식과 기능에 관한 내용	• 식품의 기능과 음식물의 여러 가지 역할 • 식품과 신체의 관계에 대한 이해 • 과학적인 식품 조리 및 가공 • 식품에 대한 판별법
올바른 식생활 실천에 관한 내용	• 계획적인 식생활 • 적당한 양, 다양한 식품, 균형식 섭취(편식 교정)

출처 : 아동건강교육. 정효정 외, 2010. 재구성

현재 유아기 영양교육의 기본이 되는 '바른 식생활 하기'와 구체적인 교육내용을 반영하여 유아가 습관화할 수 있도록 개발된 영양교육 프로그램과 지침서 등의 교육자료 부족, 유아교육기관 교사들의 체계화된 교육의 부재로 영양교육에 많은 어려움을 겪고 있다.

5) 영양교육을 위한 부모 역할

학습자의 발달과 학습에서 나타나는 특성, 교육의 목적 달성 및 효율성을 높이기 위한 가정 및 교육기관과의 일관성 및 연관성 있는 교육을 위해 부모의 역할이 매우 중요하다. 유아교육기관에서는 영양과 관련된 부모교육을 통하여 유아에게 영양가 있는 식사와 간식을 제공하는 방법과 새로운 음식을 소개하는 방법을 알려주고, 부모로부터 유아의 가정 내 식습관과 식사태도와 반응에 대한 정보를 얻을 수 있다.

부모교육은 정기적인 부모모임, 강연회, 특별행사, 가정통신문 등의 형태로 이루어지고 있다. 유아에 대한 원활한 식생활 지도를 위해 부모가 유아교육기관의 급식운영에 대해 전반적으로 이해하고 식생활 지도에 대한 내용과 방향을 확인할 수 있도록 부모교육을 계획해야 한다. 부모교육의 내용은 표 9-5와 같다.

표 9-5 | 부모교육의 내용

구분	내용
급식운영에 대한 정보 제공	• 급식에 사용하는 식품선택과 식사준비 과정 • 급식 안전과 위생에 관한 내용 • 급식에 대한 영양적 만족과 급식 반응 평가 • 부모들의 긍정적인 인식과 협조를 얻을 수 있음
올바른 식생활에 대한 이해	• 음식과 식사를 준비한 사람에 대한 고마움 표시 • 음식과 환경보호와의 관계 • 우리 전통음식 문화의 소중함 • 식품 안전과 위생 등에 대한 부모교육 병행 • 가정 연계 교육을 통한 상승효과 기대할 수 있음
바른 식습관에 대한 이해	• 바람직한 식습관에 대한 교육 • 식습관 형성을 위해 부모와 가정에서의 지도내용 교육 식사준비 시 유아 참여 독려, 식사 전 · 후 바른 인사말로 감사의 뜻을 표현하도록 하는 것, 어른과 식사할 때 올바른 식사태도 갖는 것, 청결한 생활태도 갖는 것 등

Chapter 10

영유아 시설의 급식관리

1. 급식의 중요성 및 역할
2. 단계별 급식관리

Chapter 10

Chapter 10

영유아 시설의 급식관리

1. 급식의 중요성 및 역할

여성의 경제활동 참여가 확대됨에 따라 어린이집이나 유치원 등의 영유아시설을 이용하는 영유아의 수가 매년 증가하고 있다. 영유아 시설에서는 하루 한 끼 이상 영유아에게 급식을 제공하고 있으므로 영유아의 발달상황 및 특성을 고려하여 영양적이고 위생적인 급식을 제공할 수 있도록 관리하는 것이 중요하다.

1) 영유아 급식의 중요성

- 영유아기는 일생 중 신체 및 두뇌발달이 가장 급속하게 진행되는 시기로 적절한 영양공급이 무엇보다 중요하다.
- 영유아는 면역체계가 완전히 발달하지 못하여 감염성 질환에 걸릴 위험이 높기 때문에 급식은 위생적으로 관리되어야 한다.
- 시간 연장 및 종일반 프로그램을 운영하는 영유아 시설의 증가로 영유아의 성장발달에 급식이 미치는 영향력은 점점 커지고 있다.

어린이급식관리지원센터

어린이급식관리지원센터는 '어린이식생활안전관리특별법'에 근거하여 영양사 고용의무가 없는 100인 미만의 급식을 제공하는 어린이 급식소에서 안전하고 건강한 급식이 제공될 수 있도록 영양 및 위생관리를 지원하기 위하여 설립되었다. 2011년 3월 경기도 하남시를 시작으로 2013년 기준 전국에 총 36개소의 어린이급식관리지원센터가 운영되고 있다. 그러나 어린이급식관리지원센터 또한 그 지원 대상이 50인 이상의 집단급식소로 한정되어 있어 전체 어린이집의 약 3/4에 달하는 50인 미만의 어린이집은 전문인력에 의한 급식관리가 이루어지고 있지 않은 실정이다.

2) 영유아 급식의 역할

- 영유아 시설에서 제공되는 급식은 영유아에게 필요한 에너지 및 영양소를 제공하여 영유아가 건강하게 성장 발달할 수 있도록 도움을 주고 올바른 식습관과 식태도를 형성하도록 한다.
- 최근 증가하고 있는 아토피나 소아비만은 영유아기에 먹는 음식과 관련이 있으므로 영양적으로 균형 잡힌 안전한 급식을 섭취하는 것은 매우 중요하다.
- 영유아 시설에서 제공하는 급식은 보호자 입장에서 식사를 준비하는 비용과 수고를 덜어주고 나아가 시장경제를 활성화하고 경제발전을 이끄는 역할을 한다.

2. 단계별 급식관리

1) 식단

(1) 식단작성

영유아는 단위체중당 소요되는 에너지가 성인보다 훨씬 높지만 소화기관이 완성되지 않아 한 번에 많은 음식을 먹을 수 없다. 이 때문에 영유아 시설에서는 점심 급식과 더불어 오전간식 및 오후간식을 통해 하루 필요한 에너지 및 영양소를 충족할 수 있도록 식단을 작성해야 한다.

어린이집의 경우, 법적으로 영양사가 작성한 식단에 따라 급식을 제공해야 한다. 영양사는 다음의 단계에 따라 식단을 작성하도록 한다.

- 1단계 : 점심 급식과 오전간식 및 오후간식으로 공급받을 에너지 및 영양소 양을 설정한다.
- 2단계 : 식단을 구성하는 음식 내용 및 종류를 결정한다.
- 3단계 : 그다음으로 영양적 측면, 기호도 측면, 경제적 측면에서 작성한 식단을 평가한 후 수정 · 보완하여 최종 식단을 완성한다 그림 10-1.

그림 10-1 ▸▸▸ 식단작성 단계

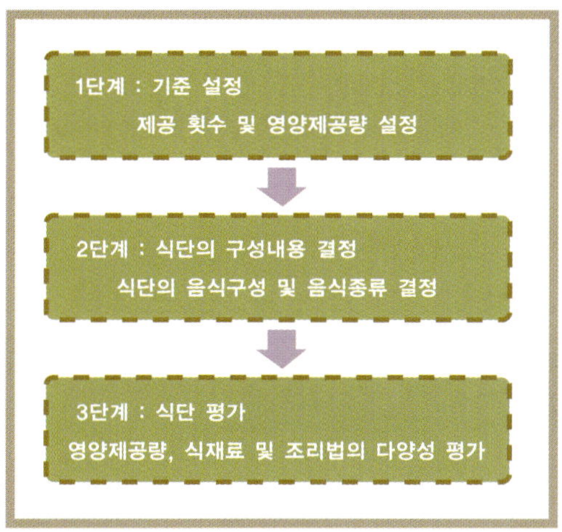

① 1단계 : 제공 횟수 및 영양제공량 등 기준 설정

영유아의 연령을 고려하여 한국인 영양섭취기준 표 10-1 을 바탕으로 하루 제공할 급식 및 간식의 횟수와 영양제공량을 설정한다.

- 종일반의 영유아 급식소에서는 점심급식 1회와 오전간식 및 오후간식 각 1회, 총 3회의 음식을 제공하도록 한다.
- 점심급식에서 일일 영양섭취기준의 25~30% 정도를 섭취할 수 있도록 식단을 작성한다.
- 유치원 급식의 경우에는 3~5세의 경우 1회의 점심급식과 2회의 간식을 통하여

총 약 600±60kcal 수준으로 식단을 작성하는 것이 바람직하다 그림 10-2.

표 10-1 | 한국인 영양섭취기준

항목 연령	에너지 (kcal)	단백질 (g)	비타민 A (㎍RE)	티아민 (mg)	리보플라빈 (mg)	비타민 C (mg)	칼슘 (mg)	철 (mg)
0~5개월	550	9.5[1]	300[1]	0.2[1]	0.3[1]	35[1]	200[1]	0.3[1]
6~11개월	700	13.5[2]	400[1]	0.3[1]	0.4[1]	45[1]	300[1]	6[2]
1~2세	1,000	15[2]	300[2]	0.5[2]	0.6[2]	40[2]	500[2]	6[2]
3~5세	1,400	20[2]	300[2]	0.5[2]	0.7[2]	40[2]	600[2]	7[2]

1) 충분섭취량

2) 권장섭취량

출처 : 한국인 영양섭취기준. 한국영양학회, 2010

그림 10-2 ▸▸▸ 유치원 급식 구성 기준 및 고려사항

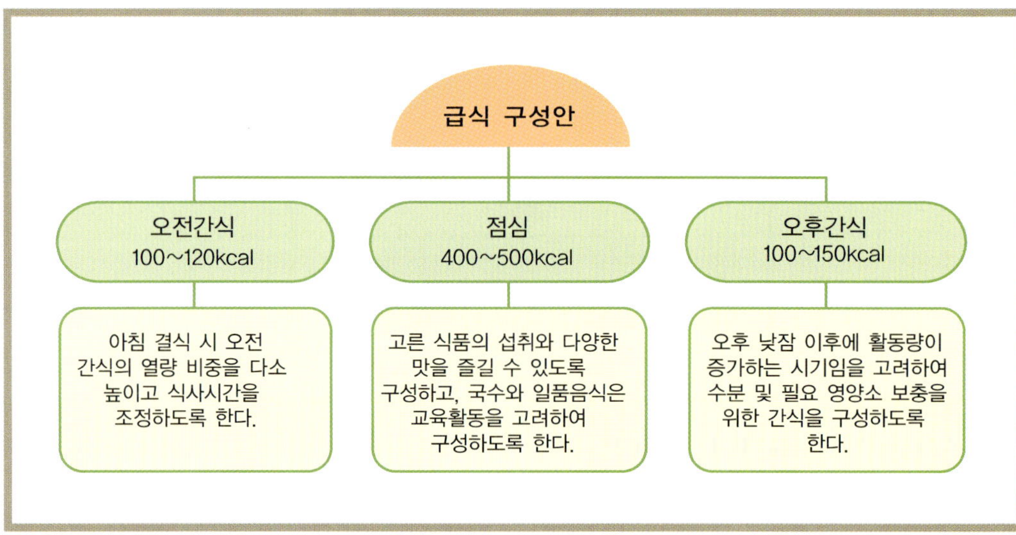

출처 : 유치원급식 운영관리지침서. 육아정책연구소, 2012

② 2단계 : 식단의 구성내용 결정

1단계에서 설정한 영유아의 영양제공량과 더불어 영유아 급식소의 예산과 실정을 고려하여 식단의 음식 구성 및 종류를 결정한다.

영유아 대상 급식소에서는 하루에 몇 번 음식을 제공해야 하나요?

종일반 기준, 영유아 급식소에서는 영유아의 에너지 및 영양소 필요량을 충족시키기 위하여 점심급식(1회) 뿐 아니라 오전간식(1회) 및 오후간식(1회)으로 총 3회 음식을 제공하도록 한다. 특히 간식은 점심급식에서 부족하기 쉬운 에너지 및 영양소를 보충 공급할 수 있도록 해야 한다.

- 오전간식 : 영유아의 하루 필요한 에너지의 5~10% 정도를 오전 10시경 간식으로 제공한다. 이때 간식을 많이 제공하면 점심식사에 영향을 주므로 적정량을 제공해야 한다.
- 점심식사 : 영유아의 하루 필요한 에너지의 30% 정도를 12시경 점심식사로 제공한다.
- 오후간식 : 영유아의 하루 필요한 에너지의 10% 정도를 오후 3시경 간식으로 제공한다.
- 오후간식은 오전간식보다는 포만감을 줄 수 있는 간식으로 구성하고, 저녁식사에 영향을 주지 않도록 적정량을 제공한다.

- 1세 미만의 영아에게는 해당 개월에 적합한 이유식을 제공하고 이유식이 끝난 영유아에게는 주식과 부식을 제공하도록 식단을 작성한다.
- 1세 이상의 영유아에게 제공되는 식단은 일반적으로 주식류, 국 또는 찌개류, 주찬류, 부찬류, 김치류 등 총 다섯 가지 음식으로 구성된다.
- 영유아 급식소에서는 우유 및 유제품, 과일, 빵, 떡, 죽 등을 오전간식 및 오후간식으로 제공하여 에너지 및 영양소를 보충 공급하도록 식단을 작성한다.
- 유아는 아직 소화기관이 덜 발달하였고 수저의 사용이 미숙하므로 이를 고려하여 조리법을 선택하고 계절 식재료를 활용하도록 한다.

- 다음 단계에 따라서 식단의 구성내용을 결정한다 표 10-2.

① 밥류나 면류 중에서 주식을 결정한 뒤 국과 찌개, 수프, 탕과 전골 중에서 주식과 어울리는 음식으로 국 또는 찌개를 결정한다.

② 단백질의 주요 공급원인 육류, 가금류(닭, 오리 등), 생선류, 난류 및 콩류 등을 주재료로 한 음식 중에서 주찬을 결정한다.

③ 채소류, 해조류, 버섯류 등을 주재료로 한 음식 중에 부찬을 결정하여 식단을 작성한다.

④ 김치류를 결정하고, 마지막으로 유아에게 제공할 후식이나 간식을 결정한다.

표 10-2 | 식단의 구성내용 결정단계

단계	음식의 예
주식류	쌀밥, 수수밥, 차조밥, 비빔밥, 콩나물밥, 하이라이스, 카레라이스, 자장덮밥, 김치볶음밥, 떡만둣국 등
국 또는 찌개류	된장국, 미역국, 달걀국, 콩나물국, 쇠고기뭇국, 김치찌개, 된장찌개, 육개장, 어묵탕, 갈비탕 등
주찬류	육류 : 돼지고기볶음, 돈가스, 탕수육, 버섯불고기, 갈비찜 등
	가금류, 생선류 : 간장볶음탕, 닭튀김, 고등어무간장조림, 삼치구이, 동태전 등
	난류 및 콩류 : 달걀찜, 메추리알장조림, 달걀말이, 두부조림, 콩조림 등
부찬류	채소류 : 오이무침, 콩나물무침, 배추된장나물, 가지무침, 호박무침, 시금치나물, 채소튀김 등
	해조류 : 미역줄기볶음, 건파래볶음, 다시마부각, 김구이 등
	버섯류 : 버섯볶음, 버섯전 등
김치류	배추김치, 깍두기, 열무김치, 오이소박이 등

③ 3단계 : 영양제공량, 식재료 및 조리법의 다양성 평가

식단을 작성한 후에는 식단의 영양제공량을 확인하여 1단계에서 설정한 영양제공량을 충족하는지 평가한다. 표 10-3은 식단평가를 하기 위한 체크리스트이다. 각 항목에 대하여 평가한 후 수정 및 보완을 하여 식단과 식재료량을 결정한다 표 10-4, 표 10-5.

표 10-3 | 식단 평가 체크리스트

항목	예	아니오
중복되는 식재료가 없이 다양한 식품을 사용하였나요?		
다양한 조리법을 사용하였나요?		
음식의 색, 맛, 질감 등을 조화롭게 구성하였나요?		
영유아의 기호도를 고려하여 작성하였나요?		
위험 식재료를 제외하였나요?		
식재료의 가격을 고려하였나요?		
시간 내에 조리가 가능한가요?		

표 10-4 ▸▸▸ 영유아 점심 및 간식 식단의 예

어린이집 및 유치원을 위한 점심 · 간식 식단(만 3~5세)

2012년 5월

	월	화	수	목	금	토
		1일	2일	3일	4일	5일
오전간식		계절과일/우유	옥수수수프	계절과일	두유	
점심		〈근로자의날〉 쌀밥 순두부국 임연수어구이 호박볶음 김치	새우볶음밥 유부된장국 달걀찜 김치	찰수수밥 어묵국 두부양념구이 새송이버섯볶음 김치	차조밥 들깨무채국 쇠고기양배추볶음 미나리나물 김치	어린이날
오후간식		해물부추전	빵/우유	멸치주먹밥/우유	〈어린이날특식〉 순살양념치킨/차	
	7일	8일	9일	10일	11일	12일
오전간식	계절과일/우유	시리얼/우유	떠먹는요쿠르트	누룽지죽	계절과일	두유
점심	보리밥 콩나물국 주꾸미삼겹살볶음 참나물무침 김치	쌀밥 열무된장국 생선가스+타르타르 도라지오이무침 김치	자장덮밥 다시마뭇국 단무지(or김치) 물만두	기장밥 두부된장국 메추리알조림 시금치무침 김치	쌀밥 갈비탕 청포묵무침 깍두기	건파래채소볶음밥 다시마뭇국 과일샐러드 김치
오후간식	찐고구마/차	꼬치어묵/차	빵/주스	떡/우유	스파게티/우유	
	14일	15일	16일	17일	18일	19일
오전간식	계절과일/치즈	쿠키/우유	두유	단호박죽	계절과일/우유	우유
점심	차조밥 얼갈이된장국 닭가슴살데리야끼 조림 오이부추무침 김치	기장밥 미역국 삼치무조림 숙주나물 김치	쇠고기피망볶음밥 달걀파국 상추무침 김치	수수밥 감자국 완자전 돌나물무침 김치	보리밥 안매운육개장 진미채볶음 찐브로컬리+초장 김치	떡국 쌀밥 과일샐러드 김치
오후간식	잔치국수	카레떡볶이/차	찐만두/차	도넛/우유	잡채/차	
	21일	22일	23일	24일	25일	26일
오전간식	계절과일	채소스틱/ 떠먹는요구르트	시리얼/우유	계절과일	김달걀죽	두유
점심	흑미밥 콩비지찌개 달걀말이 감자조림 김치	기장밥 달래호박된장국 오징어조림 콩나물무침 김치	오므라이스 다시마뭇국 김치 계절과일 요구르트	보리밥 근대된장국 돼지고기고추장볶음 양배추/쌈장 김치	쌀밥 닭곰탕 새우브로컬리볶음 깻잎순나물 깍두기	김치달걀볶음밥 팽이버섯장국 과일샐러드 깍두기
오후간식	*떡꼬치/우유	김가루주먹밥/차	잼샌드위치/차	〈다문화식단〉 야끼소바(또는 우동)	찐감자/우유	
	28일	29일	30일	31일	〈생일식단〉	〈견학식단〉
오전간식	석가탄신일	계절과일/우유	떠먹는요구르트	계절과일/우유	계절과일	
점심		쌀밥 황태채뭇국 쇠고기버섯볶음 쑥갓나물 김치	나물비빔밥 두부탕 멸치볶음 김치	잡곡밥 시금치된장국 가자미구이 마늘종볶음 김치	쌀밥 쇠고기미역국 함박스테이크 콩나물무침 김치	새콤채소주먹밥 계절과일 주스
오후간식		찐고구마/차	빵/차	떡국	케이크/주스	

출처 : 금천구어린이급식관리지원센터, 2012

표 10-5 ▸▸▸ 영유아 점심 및 간식 식재료량 및 배식량의 예

어린이집 및 유치원을 위한 점심 · 간식 식단 식재료량(만3~5세)

2012년 5월

<table>
<tr><th colspan="5">5월 1일 화요일</th></tr>
<tr><th>구분</th><th>메뉴명</th><th>식재료명</th><th>1인량(g)</th><th>배식시1인량</th></tr>
<tr><td rowspan="2">오전 간식</td><td>계절과일</td><td>딸기</td><td>80</td><td>3~4개</td></tr>
<tr><td>우유</td><td>우유</td><td>150</td><td>1컵</td></tr>
<tr><td rowspan="8">점심</td><td>쌀밥</td><td>쌀</td><td>60</td><td>성인밥공기 70%</td></tr>
<tr><td rowspan="3">순두부국</td><td>순두부</td><td>20</td><td rowspan="3">종이컵 80%</td></tr>
<tr><td>돼지고기</td><td>5</td></tr>
<tr><td>달걀, 양파</td><td>10</td></tr>
<tr><td>임연수어구이</td><td>임연수어</td><td>35</td><td>소 1토막</td></tr>
<tr><td rowspan="2">호박볶음</td><td>호박</td><td>15</td><td rowspan="2">탁구공크기</td></tr>
<tr><td>양파, 당근</td><td>10</td></tr>
<tr><td>김치</td><td>배추김치</td><td>20</td><td>3~4조각</td></tr>
<tr><td rowspan="4">오후 간식</td><td rowspan="4">해물 부추전</td><td>오징어</td><td>20</td><td rowspan="4">3~4조각</td></tr>
<tr><td>부추</td><td>10</td></tr>
<tr><td>달걀</td><td>5</td></tr>
<tr><td>밀가루</td><td>10</td></tr>
<tr><td colspan="3">총 열량(kcal)</td><td colspan="2">572</td></tr>
<tr><td colspan="3">총 단백질량(g)</td><td colspan="2">28</td></tr>
</table>

<table>
<tr><th colspan="5">5월 2일 수요일</th></tr>
<tr><th>구분</th><th>메뉴명</th><th>식재료명</th><th>1인량(g)</th><th>배식시1인량</th></tr>
<tr><td rowspan="2">오전 간식</td><td rowspan="2">옥수수 수프</td><td>옥수수콘</td><td>10</td><td rowspan="2">성인밥공기 50%</td></tr>
<tr><td>수프분말</td><td>15</td></tr>
<tr><td rowspan="9">점심</td><td rowspan="4">새우 볶음밥</td><td>쌀</td><td>50</td><td rowspan="4">성인밥공기 70%</td></tr>
<tr><td>새우</td><td>20</td></tr>
<tr><td>호박</td><td>15</td></tr>
<tr><td>당근, 양파</td><td>10</td></tr>
<tr><td rowspan="3">유부 된장국</td><td>유부</td><td>5</td><td rowspan="3">종이컵 80%</td></tr>
<tr><td>두부</td><td>15</td></tr>
<tr><td>양파</td><td>5</td></tr>
<tr><td>달걀찜</td><td>달걀</td><td>30</td><td>3~4조각</td></tr>
<tr><td>김치</td><td>배추김치</td><td>20</td><td>3~4조각</td></tr>
<tr><td rowspan="2">오후 간식</td><td>빵</td><td>롤빵</td><td>50</td><td>1쪽</td></tr>
<tr><td>우유</td><td>우유</td><td>150</td><td>1컵</td></tr>
<tr><td colspan="3">총 열량(kcal)</td><td colspan="2">649</td></tr>
<tr><td colspan="3">총 단백질량(g)</td><td colspan="2">22</td></tr>
</table>

<table>
<tr><th colspan="5">5월 3일 목요일</th></tr>
<tr><th>구분</th><th>메뉴명</th><th>식재료명</th><th>1인량(g)</th><th>배식시1인량</th></tr>
<tr><td>오전 간식</td><td>계절과일</td><td>딸기</td><td>80</td><td>3~4개</td></tr>
<tr><td rowspan="8">점심</td><td rowspan="2">찰수수밥</td><td>쌀</td><td>55</td><td rowspan="2">성인밥공기 70%</td></tr>
<tr><td>찰수수</td><td>5</td></tr>
<tr><td rowspan="2">어묵국</td><td>어묵</td><td>20</td><td rowspan="2">종이컵 80%</td></tr>
<tr><td>무</td><td>5</td></tr>
<tr><td>두부 양념구이</td><td>두부</td><td>40</td><td>3~4조각</td></tr>
<tr><td rowspan="2">새송이 버섯볶음</td><td>새송이버섯</td><td>20</td><td rowspan="2">탁구공 크기</td></tr>
<tr><td>양파, 당근</td><td>5</td></tr>
<tr><td>김치</td><td>배추김치</td><td>20</td><td>3~4조각</td></tr>
<tr><td rowspan="3">오후 간식</td><td rowspan="2">멸치주먹밥</td><td>쌀</td><td>30</td><td rowspan="2">소 3~4개</td></tr>
<tr><td>멸치</td><td>10</td></tr>
<tr><td>우유</td><td>우유</td><td>150</td><td>1컵</td></tr>
<tr><td colspan="3">총 열량(kcal)</td><td colspan="2">554</td></tr>
<tr><td colspan="3">총 단백질량(g)</td><td colspan="2">17</td></tr>
</table>

<table>
<tr><th colspan="5">5월 4일 금요일</th></tr>
<tr><th>구분</th><th>메뉴명</th><th>식재료명</th><th>1인량(g)</th><th>배식시1인량</th></tr>
<tr><td>오전 간식</td><td>두유</td><td>두유</td><td>150</td><td>1컵</td></tr>
<tr><td rowspan="9">점심</td><td rowspan="2">차조밥</td><td>쌀</td><td>55</td><td rowspan="2">성인밥공기 70%</td></tr>
<tr><td>차조</td><td>5</td></tr>
<tr><td rowspan="2">들깨무채국</td><td>무</td><td>15</td><td rowspan="2">종이컵 80%</td></tr>
<tr><td>들깨</td><td>3</td></tr>
<tr><td rowspan="3">쇠고기 양배추 볶음</td><td>쇠고기</td><td>25</td><td rowspan="3">달걀 크기</td></tr>
<tr><td>양배추</td><td>20</td></tr>
<tr><td>양파</td><td>10</td></tr>
<tr><td>미나리나물</td><td>미나리</td><td>25</td><td>탁구공 크기</td></tr>
<tr><td>김치</td><td>배추김치</td><td>20</td><td>3~4조각</td></tr>
<tr><td rowspan="4">오후 간식</td><td rowspan="3">순살 양념치킨</td><td>닭가슴살</td><td>50</td><td rowspan="3">3~4조각</td></tr>
<tr><td>튀김가루</td><td>15</td></tr>
<tr><td>달걀</td><td>10</td></tr>
<tr><td>차</td><td>보리차</td><td>150</td><td>1컵</td></tr>
<tr><td colspan="3">총 열량(kcal)</td><td colspan="2">572</td></tr>
<tr><td colspan="3">총 단백질량(g)</td><td colspan="2">23</td></tr>
</table>

출처 : 금천구어린이급식관리지원센터, 2012

영유아 급식소에서는 어떤 식단을 사용해야 하나요?

- 영유아에게 영양적으로 균형 있고 위생적인 안전한 급식을 제공하기 위하여 영양사가 작성한 식단에 따라 급식을 제공해야 하며 쇠고기, 돼지고기, 닭고기, 오리고기, 쌀, 배추김치 등을 조리하여 제공할 경우 원산지를 표기하도록 한다.
- 영양사가 없는 영유아 급식소의 급식관리를 지원하기 위하여 각 지방자치단체 보육정보센터(http://central.childcare.go.kr) 및 어린이급식관리지원센터(http://www.ccfsm.foodnara.go.kr/)에서 영유아를 대상으로 하는 식단을 제공하고 있다.

중앙보육정보센터 홈페이지

어린이급식관리지원센터 홈페이지

유아교육법

제17조(건강검진 및 급식) ②원장은 교육하고 있는 해당 유치원의 유아에게 적합한 급식을 할 수 있다.

영유아교육법

제33조(급식 관리) 어린이집의 원장은 영유아에게 보건복지부령으로 정하는 바에 따라 균형 있고 위생적이며 안전한 급식을 하여야 한다.

영유아교육법

제34조(급식 관리) 법 제33조에 따른 급식 관리의 기준은 별표 8 제3호 나목과 같다. 〈별표 8 제3호 나〉 2) 원장 등은 영유아가 필요한 영양을 섭취할 수 있도록 영양사가 작성한 식단에 따라 급식을 공급하여야 한다. 이 경우 영양사(5개 이내의 어린이집이 공동으로 두는 영양사를 포함한다)를 두고 있지 아니한 100명 미만의 영유아를 보육하고 있는 어린이집은 보육정보센터, 보건소 및 「어린이 식생활 안전관리 특별법」 제21조에 따른 어린이급식관리지원센터 등에서 근무하는 영양사의 지도를 받아 식단을 작성하여야 한다.

(2) 식단작성 시 고려사항

영유아 시설의 식단을 작성할 때의 고려사항은 다음과 같다 그림 10-3.

그림 10-3 ▸▸▸ 식단작성 시 고려사항

① 영유아의 영양필요량

- 영유아의 영양섭취기준을 토대로 영양필요량을 계산한 후 해당 에너지 및 영양소를 충족할 수 있도록 다양한 식품군을 포함하여 식단을 작성한다.
- 다른 연령과 달리 영유아는 스스로 음식을 선택해서 먹기보다는 제공되는 음식을 주로 먹으므로 다양한 식재료와 조리법을 사용하여 영양적으로 균형 잡힌 음식을 제공하는 것이 중요하다.
- 가공식품보다는 제철식품이나 자연식품을 이용하여 질 높은 영양소가 공급될 수 있도록 하며, 특히 양질의 단백질과 칼슘을 공급할 수 있도록 식단을 작성한다.
- 단백질의 경우 1일 권장섭취량의 2/3 정도는 동물성 단백질로, 나머지 1/3은 식물성 단백질로 구성하고, 칼슘이 부족할 수 있으므로 되도록 우유 및 유제품을 매일 제공하도록 한다.

② 영유아의 음식 기호도

- 영유아의 음식 기호도를 무시한 식단은 편식 등의 문제를 유발할 수 있으므로 기호도를 고려하여 식단을 작성하는 것이 중요하다.
- 영유아는 취나물, 쑥갓 등의 향이 강한 식재료나 짜거나 매운 음식, 미끄러운 질

감의 음식에 대한 기호도가 낮으므로 이를 고려하여 식단을 작성한다.

- 영유아가 싫어하는 음식은 조리법을 개선하거나 변화시켜 제공하도록 한다.

> 예 ① 채소를 들어 채소를 싫어하는 경우 채소를 잘게 다져서 볶음밥이나 자장덮밥 등 영유아가 좋아하는 음식에 섞어서 제공
> ② 영유아의 기호도가 높은 조리법인 튀김으로 제공

③ 식재료의 위생 및 안전

- 영유아는 병원균에 대한 저항력이 성인보다 약해 식중독에 걸리기 쉬우므로 영유아의 식단을 작성할 때는 각별한 주의가 필요하다.
- 여름철에는 식중독이 발생하기 쉬우므로 선지, 순대, 곱창 등의 식재료 사용을 제한하도록 한다 표 10-6.
- 식품알레르기가 있는 영유아에게는 반드시 원인식품을 제한하고, 이로 인해 손실된 영양을 보충할 수 있도록 대체식품을 제공한다.

표 10-6 | 식단작성 시 주의할 식재료

기간	종류	식재료
3~10월	패류	소라, 조개, 꼬막, 굴, 석화, 홍합 등
	젓갈류	꼴뚜기젓, 명란젓, 어리굴젓, 오징어젓 등
4~9월	회류 및 알류	광어, 한치, 참치회, 멍게, 해삼, 성게알, 연어알, 미더덕, 홍어, 동태곤이 등
6~9월	어류 및 콩가공품류	콩국, 콩비지, 판두부 등
연중 금지		선지, 순대, 곱창, 간, 천엽, 닭똥집 등 삭히는 공정이 있는 식품, 생굴 등 날것의 상태로 제공되는 식품, 족발 등 제조공정의 위생상태 확인이 어려운 완제품 등
연중 주의		가열공정 없이 제공되는 농 · 축 · 수산물(가열 후 사용 가능) 냉동식품, 엽채류, 무침용 건어물, 육회용 쇠고기, 생굴류(회/무침/석화), 비포장 가공식품(두부류 등), 꽈리고추, 두릅, 원추리, 머윗대, 토란대, 생취 등의 미량 독소에 의한 장염 유발 식재료가 포함된 음식 등

출처 : 보육시설 급식운영관리 매뉴얼. 보건복지부, 2010

어린이집에서의 식품알레르기 관리 어떻게 할까요?

서울시 내 어린이집 345개소를 대상으로 식품알레르기 실태를 조사한 결과, 345개소 중 60%인 207개소의 어린이집에서 식품알레르기 때문에 급식 제공 시 제한식이를 실시하는 것으로 나타났다. 해당 어린이집에서는 달걀, 유제품, 땅콩, 견과류, 과일, 갑각류 등의 식품알레르기 유발식품이 들어가는 반찬을 제외하고 제공하거나 해당 식품재료를 제외하고 새로 만든 반찬을 제공하거나 동일한 영양성분과 양의 대체식품을 제공하는 등의 방법으로 급식을 제공하고 있다.

출처 : 영유아 보육시설과 응급실에서의 식품 알레르기 관리 현황. 서원희 외, 2011

④ 급식소의 예산

시장 내 식재료의 수급 현황, 계절 등 상황에 따라 식재료비의 차이가 나므로 이를 고려하여 영유아급식소의 예산 범위에 맞게 식단을 작성한다.

⑤ 급식소의 인력 및 시설현황

영유아급식소에서는 일반적으로 1~2명의 조리사가 점심 식사뿐 아니라 오전간식 및 오후간식, 최소 3번의 음식을 준비하므로 조리시간이 많이 걸리고 조리단계가 복잡한 음식은 피하는 것이 좋다.

어린이집을 다니는 영유아는 어떤 음식을 좋아하나요?

서울대학교 어린이집에 다니는 영유아는 주식류에서는 해물자장덮밥, 치킨도리아, 양송이크림수프 등을 좋아하고, 부식류에서는 미역국, 채소소시지볶음, 해물채소전, 과일샐러드, 돼지고기달걀장조림 등을 좋아하는 반면, 서리태콩밥이나 토란국, 머윗대들깨볶음, 가지나물 등의 음식은 좋아하지 않았다.

서울대학교 어린이집 영유아의 음식 기호도

음식류		좋아하는 음식	잘 안먹는 음식
주식류	밥, 죽, 면 떡국, 수프	해물자장덮밥, 치킨도리아 양송이크림수프, 닭죽, 단호박죽, 미트스파게티	서리태콩밥 강낭콩밥, 채소수프, 단팥죽
부식류	국, 탕	미역국, 쇠고기뭇국, 사골곰탕, 쇠고기당면국	토란국, 육개장, 시금치조개된장국
	볶음, 튀김	채소소시지볶음, 아몬드 멸치볶음, 오징어채볶음, 폭찹, 닭강정, 탕수육	머윗대들깨볶음, 마늘종새우볶음
	전, 적	해물채소전, 생선전, 모둠달걀말이	–
	나물, 무침	과일샐러드, 잡채, 진미채, 오이무침	가지나물, 무갑장과, 오이미역초무침
	찜, 조림	돼지고기달걀장조림	오이뱃두리
	구이	뱅어포구이	가지치즈구이
간식류	간식	프렌치토스트, 떡볶이, 어묵꼬치, 감자소시지크로켓, 잼샌드위치	고구마샌드위치, 단호박대추술빵

출처 : 서울대어린이집 무엇을 먹나. 이순형 외, 2008

2) 구매

(1) 구매의 종류

급식의 질은 식재료의 품질과 직결되므로 영양 및 위생적으로 안전한 급식을 제공하기 위해서는 신선하고 질 좋은 식재료를 구매하는 것이 무엇보다 중요하다. 영유아 시설에서 식재료를 구매하는 방법은 직접구매와 식재료 전문 공급업체를 통한 구매가 있다.

① **직접구매**

직접구매는 영유아 급식소에서 사용할 식재료를 슈퍼마켓이나 대형마트 등에 직접 가서 구매하는 형태이다.

- 식재료의 양과 종류가 적은 영유아 급식소의 경우 구매절차가 간단하므로 식재료를 직접 구매하는 것이 효율적이다.
- 중간 마진 등으로 구입단가가 높고 구매하는 데 시간이 많이 소요되는 단점이 있다.
- 식재료 구매 순서는 ① 식재료를 직접 구매할 경우에는 냉장이 필요 없는 식재료를 가장 먼저 구매하고, ② 다음으로 채소 및 과일을 구매하고, ③ 마지막에 냉장이나 냉동 보관이 필요한 식품이나 육류, 어패류 등 상하기 쉬운 식재료를 구매하도록 한다 그림 10-4. ④ 유통기한을 반드시 확인해야 하며, 또한 60분이 지나면 식품의 세균 수가 급격히 늘어나므로 가능한 한 1시간 이내로 식재료를 구매하도록 한다. ⑤ 이 외에 떡이나 빵 등 조리된 음식을 구입할 때에는 전문 떡집과 제과점 등 믿을 수 있는 업체를 통해서 구매하도록 한다.

② **식재료 전문 공급업체를 통한 구매**

사용하는 식재료의 양과 종류가 많은 경우 푸드머스, 아워홈, CJ프레시웨이, 농협 등과 같이 전문적으로 식재료를 관리하는 전문업체를 통해 식재료를 구매하는 형태이다.

- 우수한 식재료를 저렴한 가격에 구입할 수 있고 구매 시 소요되는 시간을 절약할 수 있는 장점이 있다.
- 위생적으로 안전한 식재료를 공급하는 업체를 선정하지 못할 경우 직접 식재료를 보고 구매하는 것이 아니므로 품질이 낮은 식재료를 공급받을 우려도 있다.
- 최근에는 값싸고 우수한 급식재료를 공급받고 어린이집 급식의 질을 높이고자 식재료 전문 공급업체를 통한 공동구매가 증가하고 있다.

(2) 구매의 절차

구매를 위해서는 가장 먼저 필요한 식재료에 대한 구매계획을 수립하고, 그다음으로 신선하고 질 좋은 식재료를 구매하기 위하여 전문적이고 체계적으로 식재료를

그림 10-4 ▸▸▸ 식재료 구매 순서

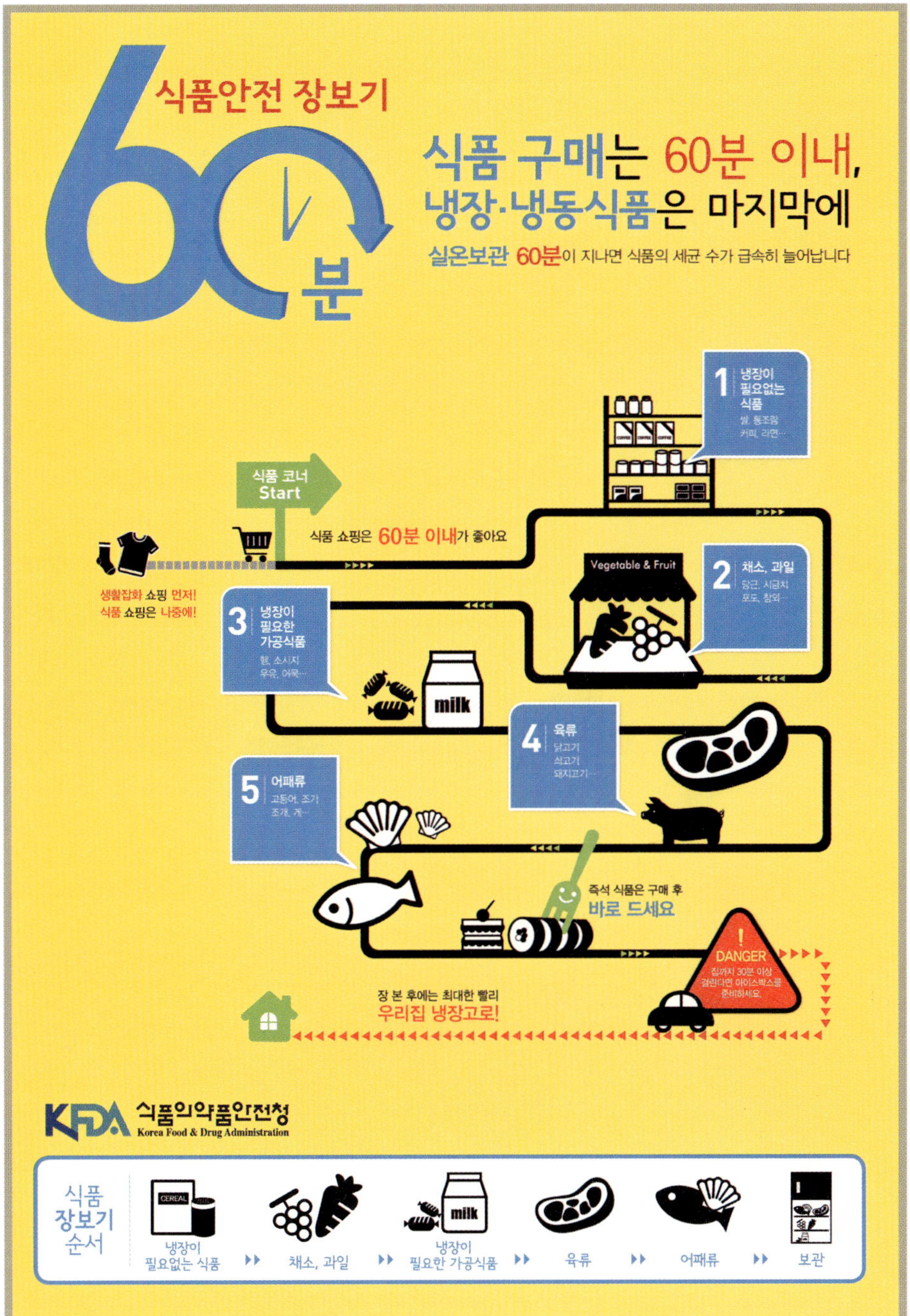

자료 : 식품의약품안전처, 2010

관리하는 전문 공급업체를 선정한다. 업체 선정 후에는 해당 전문 공급업체를 통해 사용할 식재료를 발주하고 공급받은 식재료를 검수하는 단계를 거친다.

① 구매계획

필요한 식재료의 품목과 수량을 결정하여 구매를 계획한다. 식재료에 따라 구매하는 주기에 차이가 있는데 우유 및 유제품, 상하기 쉬운 채소류는 매일 구매하도록 하고 조미료, 장류, 쌀 등은 한 달에 한두 번 구매하도록 계획한다.

② 공급업체 선정

식재료를 전문적으로 공급하는 업체를 선정할 때에는 업체의 위생관리능력(보유시설, 설비의 위생상태, 위생기준 및 품질기준 준수 여부 등), 업체의 운영능력(반품 처리, 구매능력, 관련 문서 구비 여부 등), 운송능력(운송 위생, 냉장 및 냉동 배달차량 구비 등)을 확인한다.

③ 발주

영유아급식소에서 구매하고자 하는 식재료를 공급업체에 주문하는 것을 발주라고 하며, 식재료의 폐기율, 저장공간 등을 고려하여 식재료를 발주한다. 일반적으로 식재료 전문 공급업체를 통해 식재료를 구매할 경우에는 전산발주 프로그램을 이용하여 식재료를 주문한다 그림 10-5 .

그림 10-5 ▸▸▸ 식자재 전문 공급업체의 전산발주 프로그램

출처 : 푸드머스 www.foodmerce.com

④ 검수

검수는 공급받은 식재료와 발주한 내용이 일치하는지 확인하는 과정이다.

- 검수자는 공급받은 식재료가 식재료명, 수량, 단가 등이 거래명세서 그림 10-6 에 기입된 것과 일치하는지 확인하고 식재료의 포장상태, 품질상태(신선도, 색, 냄새 등), 유통기한, 원산지 등을 확인한다.

그림 10-6 ▸▸▸ 거래명세서 예

거래명세서

공급자상호	(주)푸드머스	대표자	제환주	일자	2012-01-26
사업자등록번호				사업장구분	ㅇㅇ 어린이집
주 소	경기 용인시 처인구 원삼면 맹리 578-1				
업 태	도소매 외	종목	식자재 외	과세구분	--전 체--

NO	품목명	단위	수량	단가	공급가액	부가세	합계
1	한우(우리아이.1등급.앞다리살.불고기용.1kg.냉장.국내	EA	1.0	30,869	30,869	0	30,869
2	흰우유(서울우유.베스트로).1000ml.냉장 1000ml	EA	10.0	2,128	21,280	0	21,280
3	북어채(특품.200g/봉.국내가공)수입 200g/봉.가공	EA	1.0	8,555	8,555	0	8,555
4	한우(우리아이.1등급.앞다리살.불고기용.500g.냉장.국L	EA	1.0	16,013	16,013	0	16,013
5	풀무원참숯정제수칼슘콩나물1kg(친환경.무농약) 1kg.친	BOX	4.0	2,962	11,848	0	11,848
6	수제순살돈까스.80g*10.상신 80g*10.봉	EA	1.0	6,989	6,989	698	7,687
7	호빵(야채).360g(90g*4입).삼립	EA	3.0	2,576	7,728	772	8,500
8	호빵(단팥).380g(95g*4입).삼립	EA	5.0	2,341	11,705	1,170	12,875
9	호빵(피자).360g(90g*4입).삼립	EA	4.0	2,576	10,304	1,030	11,334
					125,291	3,672	128,963

출처 : 푸드머스 www.foodmerce.com

- 공급받은 식재료가 주문한 사항과 일치하지 않거나 신선도, 색, 냄새 등 품질상태가 좋지 않으면 반드시 반품 처리한다.
- 검수를 마친 식재료는 신속하게 냉장 및 냉동고, 창고에 보관하고, 검수에 대한 내용을 검수일지 그림 10-7 에 기록한다.

그림 **10-7** ▸▸▸ 검수일지 예

검수일지(입고)

고객사 : ㅇㅇ 어린이집　　검수자 :　　　　(인)　　　　일자 : 2012. 01. 31

NO	품목명	수량	단위	식품 포장상태	식품 온도	유통기한	원산지	품질 상태	조치	업체명
1	[F]깐마늘(친환경,200g,올가)	1.0	EA							
2	[F]대파(친환경,1단,500g내외,올가)	1.0	EA							
3	[F]무(친환경,1kg내외,올가)	1.0	EA							
4	[F]청상추(친환경,200g,올가)	5.0	EA							
5	바지락조개(상,1.2kg/봉,생물,해감) 1.2kg/봉	1.0	EA							
6	오징어채(우리아이,다리+몸통(Slice),500g/팩,냉동,국내산) 다리+몸통(Slice),500g/봉	1.0	EA							
7	*풀무원함박스테이크,600g(국내산돈육,계육,중탕용,60g*10,냉동),바른선(V) 600g/봉(60g*10개),중탕용	6.0	EA							
8	스테이크소스,415㎖,오뚜기 415㎖,병	1.0	EA							
9	요플레(딸기),100g,빙그레 100g,개	60.0	EA							
10	캐플주스(컵)100ml,바른선 100ml,컵	60.0	EA							
소계		137.0								

출처 : 푸드머스 www.foodmerce.com

표 **10-7** | 식재료 검수기준

검수기준	검수기준	
쇠고기 돼지고기	• 온도 측정(냉장 5℃ 이하, 냉동 −18℃ 이하) • 등급판정서 확인 (날짜 및 중량, 등급)	• 중량, 냄새, 탄력성, 색감 등
닭고기	• 온도 측정(5℃ 이하, 냉동 −18℃ 이하) • 얼리지 않은 생것이 좋으며, 얼음 채워 배달 • 도계증명서 확인 (날짜 및 중량)	
생선, 조개	• 온도 측정 (5℃ 이하, 냉동 −18℃ 이하) • 얼리지 않은 생것이 좋으며, 얼음 채워 배달 • 냉동식품의 경우 녹은 흔적이 없어야 함	• 원산지, 제조일, 포장일자 확인 • 선도, 중량, 냄새, 탄력성, 색감 등 확인
달걀	• 껍데기가 깨끗하고 오물이 없는 것 • 파손되지 않은 것	• 등급판정서 확인(날짜 및 등급)
채소	• 원산지 표시 • 박스 제거 후 반입	• 중량, 신선도 등 확인 • 전처리 채소 : 온도 측정 (5℃ 이하)

출처 : 보육시설 급식운영관리 매뉴얼, 보건복지부, 2010

3) 보관 및 저장

양질의 식재료를 구매했다 하더라도 올바르게 보관 및 저장하지 않으면 식재료를 위생적으로 관리할 수 없다. 위생적으로 식재료를 관리하기 위해서는 먼저 식품 포장 겉면에 표시된 보관방법을 확인한 후, 그에 따라 보관 및 저장을 해야 한다.

- 습관적으로 멸치, 고춧가루 등을 냉동고에 보관하는 경우가 많으나 식품에 표시된 보관방법을 확인하고 냉장고 또는 냉동고에 보관하도록 한다.
- 냉장고 보관 시에는 냉기의 순환이 원활하게 이루어지도록 냉장고 용량의 70% 이하로 식재료를 보관하도록 한다.

(1) 조리 전 식재료 보관

장기간 안전하게 식재료를 보관하기 위해서는 식재료에 따라 보관온도를 달리해야 한다 표 10-8. 냉장고와 냉동고에 보관하는 식재료의 입고일자, 유통기한 등을 기록하면 효율적으로 식재료를 관리할 수 있다 그림 10-8.

표 10-8 | 식재료에 따른 보관 온도

구분	식재료 종류	보관온도
주식류	쌀, 밀가루, 보리쌀 등	자연상태 : 15~25℃
육류	쇠고기, 돼지고기 등	냉장상태 : 5℃ 냉동상태 : -18℃ 이하
어류	고등어, 꽁치, 삼치 등	냉장상태 : 5℃ 냉동상태 : -18℃ 이하
채소류	배추, 양배추, 시금치, 무, 양파, 감자 등	씻거나 전처리 된 상태 : 5℃ 자연상태 : 15~25℃

출처 : 유치원급식 운영관리 지침서. 교육과학기술부, 2007

그림 10-8 ▸▸▸ 냉장고 및 냉동고 보관 식품목록 기록표(좌), 유통기한 기록표(우)

냉장·냉동고 보관 식품목록				
				ㅇ ㅇ 어린이집
NO	식 품 명	입 고 날 짜	유 통 기 한	비 고

식 품 명	
입고일자	20 년 월 일
개봉일자	20 년 월 일
유통기한	20 년 월 일

(2) 조리된 음식 보관

조리 전의 식재료와 조리된 음식을 구분하여 보관해야 한다. 뜨거운 음식을 냉장고에 바로 보관하면 냉장고의 내부 온도가 상승하여 다른 식재료에 영향을 주므로 재빨리 식힌 후에 뚜껑을 닫고 냉장고 위 칸에 보관하도록 한다.

(3) 대용량 식재료 보관

- 대용량의 식재료를 나누어 보관할 때에는 반드시 제품명과 유통기한을 각각 표시해야 한다.
- 별도의 통에 담아서 식재료를 보관하는 경우에는 포장 겉면에 적혀 있는 제품명과 유통기한 등 식품표시사항을 버리지 말고 보관하도록 한다.
- 보관한 식재료를 사용할 때에는 먼저 들어온 식재료를 먼저 사용(선입선출 First In First Out)하도록 해야 한다.

채소와 과일은 냉장고 어디에 보관해야 하나요?

냉장고 속 위치별로 온도가 다르므로 식품에 따라 보관하는 위치를 달리해야 한다. 채소와 과일류는 이물질을 제거한 후 냉장고 아래 칸에 보관하면 보다 신선하고 위생적으로 보관할 수 있다.

〈식품별 냉장고 보관위치〉

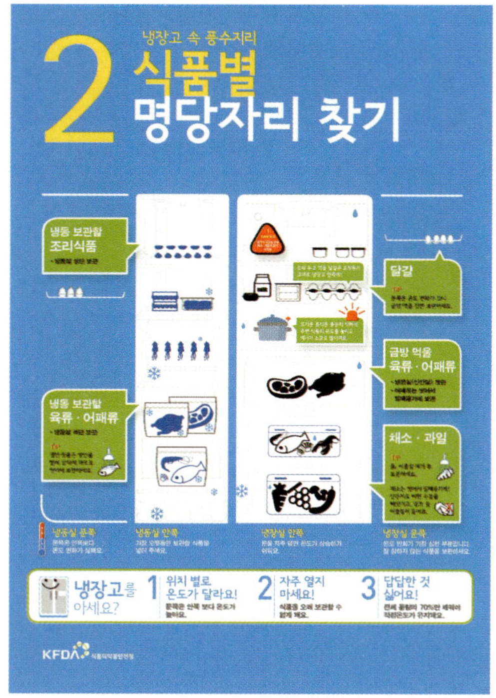

출처 : 식품의약품안전처, 2010

4) 조리

(1) 전처리

- 전처리하지 않은 식품과 전처리한 식품은 교차오염을 방지하기 위하여 분리하여 취급해야 한다.

교차오염cross contamination이란 부주의로 인해 식품 · 조리도구 · 식품취급로 등에 존재하는 유해한 균이 오렴되지 않은 곳에 전이되는 것을 말한다.

그림 10-9 ▸▸▸ 냉동식품 해동방법

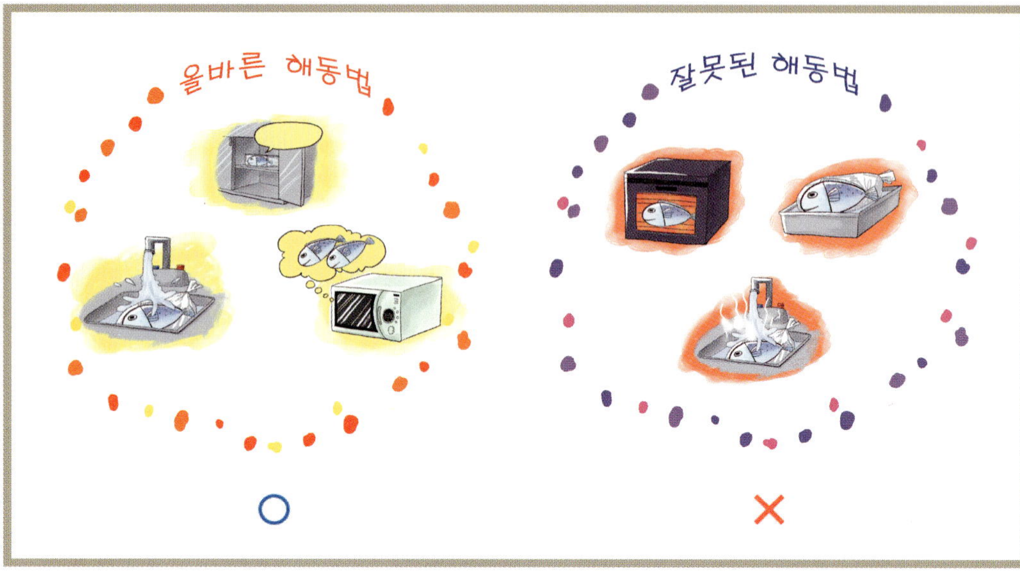

- 해동된 식품은 즉시 사용하도록 하고 절대로 다시 냉동하면 안 된다.
- 올바른 해동방법과 잘못된 해동방법은 그림 10-9와 같다.

(2) 조리

- 영유아는 성인에 비해 면역력이 약하기 때문에 음식을 충분히 가열해야 한다.
- 영유아기에 다양한 조리법을 경험하게 하여 편식하는 식습관이 형성되지 않도록 한다.
- 영유아는 소화기능이 약하므로 짜거나 맵지 않게 조리하고, 식재료를 잘게 잘라서 먹기 쉽게 조리하는 것이 좋다.

5) 배식

- 아무리 영양적으로 균형 있게 작성된 식단이라도 영유아에게 적절한 양이 배식되지 않는다면 하루 필요한 에너지와 영양소를 충족할 수 없으므로 해당 연령에 맞는 양을 배식하는 것이 중요하다 표 10-9 그림 10-10.

표 10-9 | **영유아 급식의 음식군 별 적정 배식량 (만 3세~5세 기준)**

음식군		적정 배식량(g)
식사류	밥류	140
	일품밥류	200
	죽, 수프류	150
	면, 만두류	210
	국, 탕, 찌개류	100
	찜류	40
	구이류	30
	전류	30
	볶음류	35
	조림류	30
	튀김류	30
	나물, 무침류	20
	김치류	20
간식류	빵, 떡류	40
	과일류	100
	유제품	100/200
	음료류	100

출처 : 어린이단체급식의 품질개선연구. 식품의약품안전처, 2007

그림 10-10 ▸▸▸ **영유아 급식의 배식량 (만 3세~5세 기준)**

배식량		
메뉴명 및 중량(g)	보리밥 : 140	흑미밥 : 140
	어묵국 : 100	육개장 : 100
	돼지고기편육 : 30	코다리조림 : 30
	부추전 : 30	시금치나물무침 : 20
	깍두기 : 20	깍두기 : 20

출처 : 영유아단체급식의 표준식단. 식품의약품안전처, 2007

- 조리가 완료된 음식은 적온으로 제공될 수 있도록 찬 음식은 10℃ 이하, 더운 음식은 57℃ 이상에서 보관한 후 2시간 이내에 배식해야 한다.
- 배식을 하는 사람은 배식 전에 반드시 손을 닦고 배식용 앞치마와 위생장갑을 착용하고 집게, 국자 등 배식 전용 도구를 사용하여 음식을 제공한다.
- 배식 후 제공하지 않고 남은 음식은 반드시 전량 폐기하여 다음날 제공하지 않도록 한다.
- 영유아 급식소에서는 식중독 발생 시 역학조사를 위하여 조리한 1인 분량의 음식을 보존식으로 보관해야 한다. 특히 50인 이상의 영유아에게 급식을 제공하는 집단급식소에서는 의무적으로 보존식을 보관해야 한다.

보존식은 어떻게 보관해야 하나요?

집단급식소에서는 급식으로 제공한 음식명을 기록표에 기입하여 음식을 각 1인분 분량씩 담아 영하 18℃ 이하에서 144시간(6일) 이상 보관해야 한다.

식품위생법

제88조(집단급식소) ② 집단급식소를 설치 · 운영하는 자는 집단급식소 시설의 유지 · 관리 등 급식을 위생적으로 관리하기 위하여 다음 각 호의 사항을 지켜야 한다.

1. 식중독 환자가 발생하지 아니하도록 위생관리를 철저히 할 것
2. 조리 · 제공한 식품의 매회 1인분 분량을 보건복지부령으로 정하는 바에 따라 144시간 이상 보관할 것

식품위생법 시행규칙

제95조(집단급식소의 설치 · 운영자 준수사항) ① 법 제88조제2항제2호에 따라 조리 · 제공한 식품(법 제2조제12호에 따른 병원의 경우에는 일반식만 해당한다)을 보관할 때에는 매회 1인분 분량을 섭씨 영하 18도 이하로 보관하여야 한다.

보 존 식 기 록 표			
보존일	년 월 일 시간		
식 단			
담당자		반입시간	
폐기일	년 월 일		
관 리 기 준	1. 1인분 분량을 144시간 이상 보관한다. 2. 음식 간에 혼합되지 않도록 주의한다. 3. 덮개를 사용한다. 4. 냉동고 보관(−18℃ 이하)		

보존식 기록표(예)

〈보존식 보관 예〉

✕

용기에 담은 음식의 양이 부족함

✕

배식한 음식을 모두 보존하지 않음

○

배식한 음식을 올바르게 보존함

Chapter 11

영유아 시설의 위생관리

1. 식품안전과 위생관리
2. 개인 위생관리
3. 시설 및 설비 위생관리
4. 영유아 급식소의 위생점검

Chapter 11

Chapter 11

영유아 시설의 위생관리

1. 식품안전과 위생관리

1) 식중독

영유아는 면역력이 성인에 비하여 상대적으로 취약하므로 영유아에게 제공되는 급식은 식중독 사고가 발생하지 않도록 엄격하게 위생관리를 해야 한다. 식중독 발생을 예방하기 위해서는 기본적으로 비누로 깨끗이 손을 닦고, 음식물은 익혀서 먹고, 물은 끓여서 먹어야 한다. 이와 더불어 영유아 급식소에서는 철저한 개인위생, 식재료위생 및 시설위생 관리를 통해 영유아에게 안전한 급식을 제공해야 한다.

- 식중독은 원인물질에 따라 세균성 식중독, 바이러스성 식중독, 자연독 식중독 등으로 분류된다.
- 2012년 한 해 동안 원인균별 식중독 발생 현황을 보면 원인불명이 129건으로 가장 많았고, 그다음으로는 노로바이러스(50건), 병원성대장균(31건) 순이었다 그림 11-1.

그림 11-1 ▸▸▸ 2012년 식중독 발생 현황

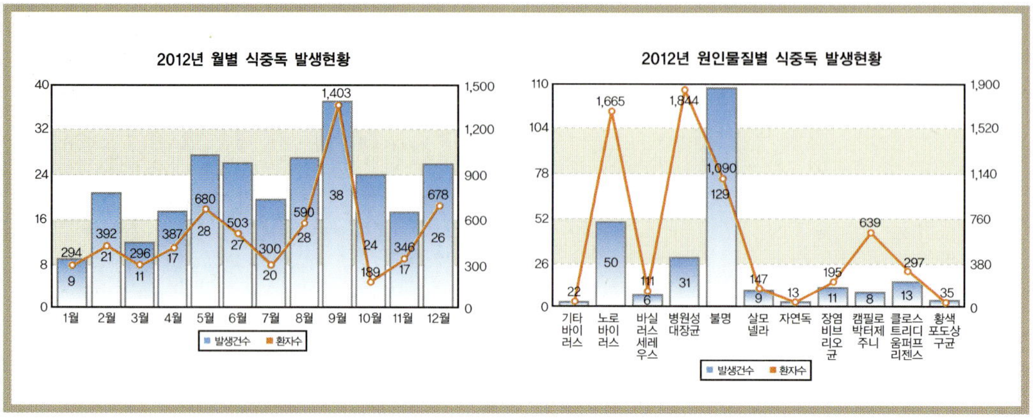

출처 : 식중독 발생현황 식중독. 식품의약품안전처, 2012

(1) 세균성 식중독

세균성 식중독은 세균에 오염된 식품이나 음용수에 의해 생기는 식중독으로 복

표 11-1 | 대표적인 세균성 식중독 원인균

식중독 원인균	오염원	증상	예방법
장염비브리오 *Vibrio parahaemolyticus*	• 어패류, 생선회 등 • 오염된 어패류를 취급한 칼 또는 도마	복통, 설사, 발열	• 깨끗한 수돗물로 씻기 • 칼 · 도마 구분 사용 • 충분한 가열 조리
황색 포도상구균 *Staphylococcus aureus*	• 화농성 질환자가 취급한 음식	구토, 복통, 설사	• 손씻기 등 철저한 개인위생관리 • 화농성 질환자의 음식물 조리 금지
살모넬라 *Salmonella*	• 달걀 • 닭 등 가금류의 배설물에 오염된 물과 음식	구토, 복통, 설사	• 달걀은 5℃ 이하로 저온 보관 • 달걀, 가금류를 충분히 가열 조리
병원성 대장균 *Enteropathogenic Escherichia coli*	• 오염된 칼이나 도마로 의해 다진 음식물	구토, 복통, 설사	• 곡류 및 채소류는 세척하여 사용 • 충분한 가열 조리
클로스트리디움 보툴리눔 *Clostridium botulinum*	• 병, 통조림	두통, 신경장애, 호흡곤란	• 병, 통조림 제조과정에서 철저한 멸균 처리

통, 설사, 발열, 구토 등의 증상을 유발한다. 식중독을 일으키는 원인물질 중 가장 많은 비율을 차지하고 있으며, 대표적인 세균성 식중독 원인균은 표 11-1 과 같다.

(2) 바이러스성 식중독

식중독을 유발하는 바이러스는 세균성 식중독과는 달리 사람끼리의 2차 감염이 가능한 특징이 있다. 즉 감염자의 손이 닿은 물건을 만진 손으로 음식을 조리하거나 식품을 취급한 경우에도 전파될 수 있다. 대표적인 바이러스로는 노로바이러스, 로타바이러스 등이 있다.

노로바이러스가 무엇인가요?

노로바이러스는 장염을 가장 많이 일으키는 원인균으로 오염된 지하수나 굴 등의 패류를 섭취한 경우 발생된다. 2012년 상반기 식품의약품안정처에서 지하수를 사용하는 집단급식소를 대상으로 노로바이러스 오염 실태를 조사한결과, 1,191개소의 집단급식소 중 11개소(0.9%)에서 노로바이러스가 검출되었다. 조사한 집단급식소 중 위탁급식업소(8개소), 사회복지시설(2개소), 수련원(1개소)에서 노로바이러스가 검출되었다.

노로바이러스는 어떻게 예방해야 하나요?

- 손을 깨끗이 씻는다.
- 생굴 등 식품은 중심온도 85℃에서 1분 이상 가열 조리한다.
- 채소 및 과일 등 비가열식품은 살균세척제를 이용하여 철저하게 세척한다.
- 물은 끓여서 마신다.
- 조리기구를 철저히 세척 및 소독하여 사용한다.
- 설사 증상이 있는 사람은 식품 조리를 하지 않는다.
- 노로바이러스 환자의 대변 및 구토물 취급 시 주의한다.

출처 : 지하수 노로바이러스 오염 주의하세요. 식품의약품안전처, 2012

(3) 자연독 식중독

자연독 식중독은 식품에 자연적으로 함유되어 있는 독성 성분에 의해 발생되는 식중독이다. 자연독 식중독은 해당 음식을 먹은 뒤 즉시 증상이 나타나고 치사율도 높다.

- 식물성 자연독에는 독버섯의 무스카린muscarin, 콜린coline, 뉴린neurine과 감자의 솔라닌solanin등이 있다.

- 동물성 자연독에는 복어의 테트로도톡신tetrodotoxin, 조개류의 삭시톡신saxitoxin, 베네루핀venerupin 등이 있다.

2) 식품위해요소

식중독이나 멜라민 등 식품안전과 관련한 사건이 발생하면서 식품안전에 대한 사회적 관심과 경각심은 높아졌지만, 여전히 식품첨가물, 환경호르몬, 농약 등 식품안전을 위협하는 많은 위해요인 때문에 우리가 먹는 식품은 안전하지 않다. 특히 면역력이 약한 영유아에게 미치는 영향력은 더욱 크므로 음식 제공 시 식품위해요소에 대한 각별한 주의가 필요하다.

(1) 식품첨가물

식품첨가물은 식품을 제조 · 가공 또는 보존을 할 때, 식품의 품질을 유지 또는 개선하거나 맛을 향상시키기 위하여 첨가하는 물질인 발색제, 착향료, 보존료, 착색료 등을 말한다 표 11-2 . 식품첨가물을 장기간 섭취하면 유해물질이 체내에 축적되어 두통, 피부병, 식중독 등의 원인이 될 수 있으며, 영유아의 경우 정신적인 문제까지도 유발할 수 있다.

(2) 환경호르몬

환경호르몬은 환경에서 배출된 화학물질이 체내로 들어와서 호르몬처럼 작용한다는 의미에서 붙여진 이름으로, 몸속으로 들어와 호르몬의 작용을 방해하거나 혼란시키는 등 내분비계를 교란하는 물질이다.

- 환경호르몬은 산업폐기물, 플라스틱, 농약, 생활용품에 들어 있는 합성 화학물질로 주로 오염된 대기의 호흡, 음용수 및 음식의 섭취를 통해 체내로 유입된다. 특히 음식물을 담는 플라스틱 등의 용기는 환경호르몬을 체내로 옮기는 주요 매체이다. 그러므로 영유아 급식소에서는 제공하는 음식뿐 아니라 음식을 제공하는 용기에도 각별히 주의를 기울여야 한다.

표 11-2 | 식품첨기물의 종류 및 역할

용도	역할	종류	사용식품(예)
발색제	식품의 색을 안정화 또는 강화	아질산나트륨	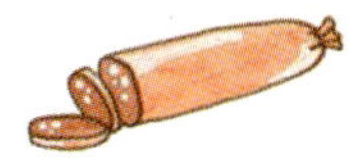
착향료	향 강화	바닐린, 시트랄	
보존료	저장 기간 연장	소르빈산, 안식향산	
착색료	식품의 색깔 향상	타르색소, 아나토	
감미료	단맛 부여	사카린, 소르비톨	

- 환경호르몬에는 다이옥신dioxine이나 디에틸헥실프탈레이트Di-EthylHexyl Phthalate: DEHP, 디에틸헥실아디페이트Di-Ethylhexyl Adipate: DEHA, 비스페놀A bisphenol A 등이 있다.
- 환경호르몬은 생식기능 저하, 성장장애, 암뿐 아니라 기억장애, 학습장애, 주의력결핍 과잉행동장애Attention Deficit Hyperactivity Disorder: ADHD 등을 유발하는 것으로 알려졌다 그림 11-2.
- 특히 대표적인 환경호르몬인 다이옥신은 소, 돼지, 닭 등 육류로부터 먹이사슬을 통해 사람 몸 안에 들어와 체내에 축적되어 호르몬의 대사이상을 초래한다 그림 11-3.

그림 11-2 ▸▸▸ 전 세계 환경호르몬의 피해 상황

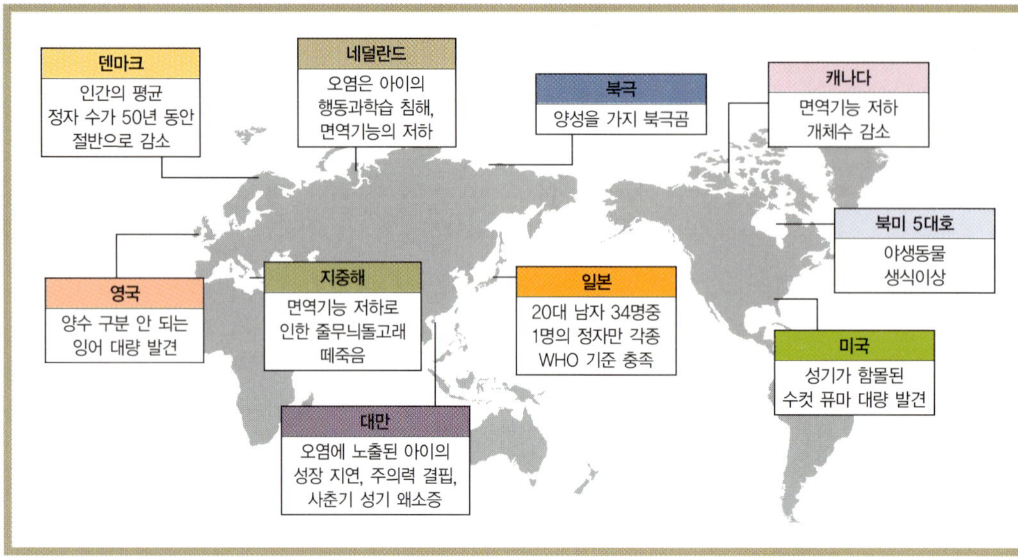

출처 : 환경호르몬 문제해결을 위한 재료공학 연구동향. 곽승엽 외, 2003

그림 11-3 ▸▸▸ 다이옥신 체내 유입 경로

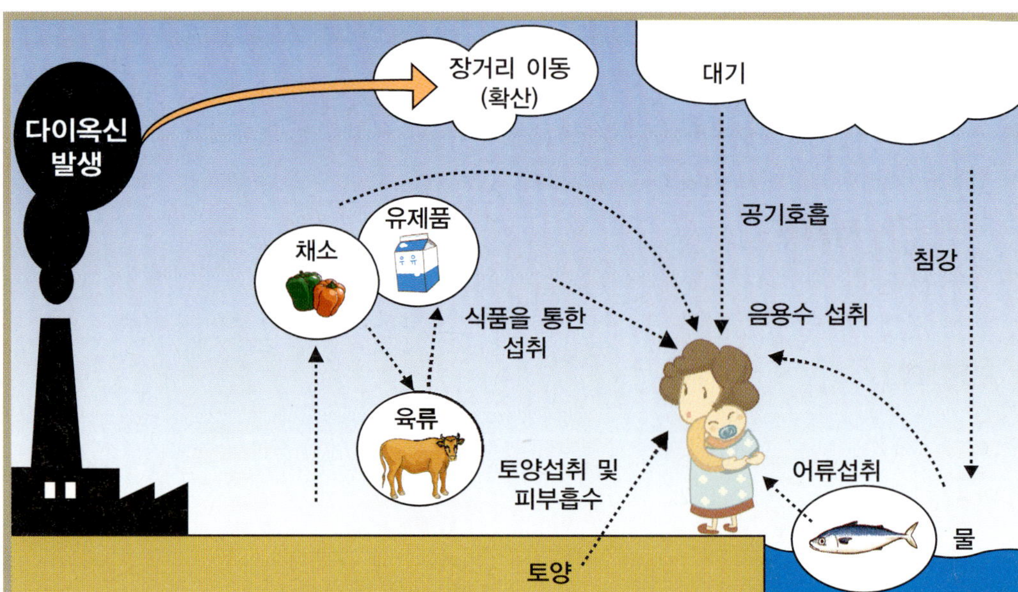

환경호르몬, 아동의 학습장애 유발

환경호르몬이 아동에게 주의력결핍 과잉행동장애ADHD, 학습장애를 유발할 위험이 있다는 연구결과가 보고되었다. 성균관대 약대 장춘곤연구팀에 의하면, 환경호르몬 '비스페놀A BPA'와 '폴리염화비페닐 PCBs'에 고농도로 노출된 쥐의 경우 뇌신경의 변화를 일으키며 주의력결핍 과잉행동장애에서 나타나는 행동장애와 학습장애의 특징적인 요소가 관찰된 것으로 나타났다.

출처 : 내분비계 장애물질과 관련이 의심되는 인간 질병 또는 현상에 관한 연구. 정일섭, 2006

(3) 농약

농산물의 성장을 방해하는 질병을 예방하고 생산성 및 품질을 향상시키기 위하여 사용하는 농약은 해마다 그 사용량이 증가하고 있다. 농약에는 농산물을 해치는 균 · 선충 · 바이러스 · 잡초를 제거하기 위한 살균제, 살충제, 제초제와 농산물의 생리기능을 증진하거나 억제하는 데 사용하는 약제가 있다. 농산물 중에서는 특히 엽채류에 잔류농약이 많은 것으로 알려졌는데, 일부 농약은 흐르는 물에 씻기만 해도 일정량은 제거되므로 급식소에서는 반드시 농산물을 깨끗이 씻어서 조리하도록 한다.

서울시, 농수산물 안전성 검사 결과

2011년 서울시에서 농산물 14,183건을 수거하여 검사한 결과 204건(1.4%)의 부적합 농산물이 적발됐으며 주요 적발 품목으로는 시금치, 겨자, 쑥갓 등 엽채류가 142건으로 잎이 넓은 채소류에 농약 성분이 많이 잔류되는 것으로 나타났다. 그다음으로 부추, 셀러리, 파 등 엽경채류 30건, 버섯류 10건 순이다.

부적합 농산물 현황

계(건)	엽채류	엽경채류	버섯류	근채류	결구엽채류	핵과류	가공농산물
204	142	30	10	7	1	1	13

농산물 주요 부적합 항목으로는 잔류농약이 181건, 보존료가 10건 등이었다. 수산물 및 건어물의 경우 총 4,634건을 수거 검사한 결과 그중 8건이 부적합으로 판정되었다. 이에 따라 서울시 담당부서에서는 채소나 과일 등에 묻어 있는 잔류농약은 수돗물로 깨끗이 씻어내면 80% 이상 제거된다며 흐르는 물에 깨끗이 씻어 먹을 것을 당부하였다.

출처 : 서울시청, 2012

2. 개인 위생관리

손에는 눈에 보이지 않는 수많은 세균이 존재하는데, 이 세균은 조리과정 중에 식재료, 음식 등을 오염시켜 식중독을 일으킬 수 있다. 하지만 손을 씻기만 해도 충분히 세균을 제거할 수 있으므로, 세균 제거를 위한 올바른 손씻기가 특히 중요하다. 식품의약품안전처에서 손 씻는 방법에 따른 세균제거 효과를 조사한 결과, 비누로 손을 씻으면 99%의 세균이 감소하고, 올바른 방법으로 비누 없이 물로만 씻어도 93%의 세균이 감소하는 효과가 나타났다. 거품을 충분히 낸 다음 손을 깍지 끼고 비비고 손바닥, 손등, 손톱 밑을 구석구석 닦은 후 흐르는 물에서 충분히 손을 헹구고, 손을 씻고 난 다음에는 일회용 종이타월이나 건조기를 이용하여 물기를 완전히 건조시킨다 그림 11-4.

그림 11-4 ▸▸▸ **올바른 손씻기 방법**

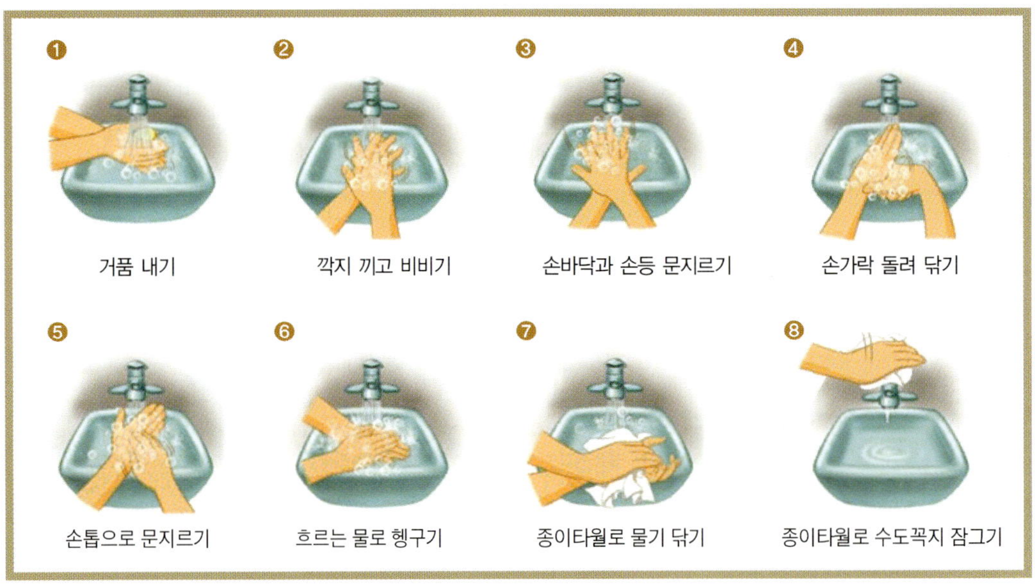

출처 : 집단급식소 위생관리 매뉴얼. 식품의약품안전처, 2009

- 영유아 급식소에서 일하는 조리종사자는 연 1회 이상 장티푸스, 결핵, 피부병 대한 건강검진을 받아야 하며 위생복, 위생모 및 앞치마를 착용하는 등 개인 위생관리를 철저히 해야 한다.

■ 앞치마는 교차오염이 발생하지 않도록 전처리용, 조리용, 세정용, 배식용 등으로 구분하여 사용한다.
■ 조리종사자는 특히 머리카락이 노출되지 않도록 위생모를 착용한다 그림 11-5.
■ 시계, 귀걸이, 반지 등의 장신구는 착용하지 않으며 손톱에 매니큐어를 바르지 않아야 하고 청결하게 관리해야 한다 그림 11-6.
■ 일부 지방성 식품에는 냄새가 쉽게 배기 때문에 조리 시 향이 강한 향수 등의 사용을 제한한다.
■ 작업 중에 손에 상처가 생기면 황색포도상구균의 오염 가능성이 있으므로 식품을 취급하는 업무는 하지 않아야 한다.

그림 11-5 ▸▸▸ 개인 복장 관리

출처 : 집단급식소 위생관리 매뉴얼. 식품의약품안전처, 2009

그림 11-6 ▸▸▸ 손 관리

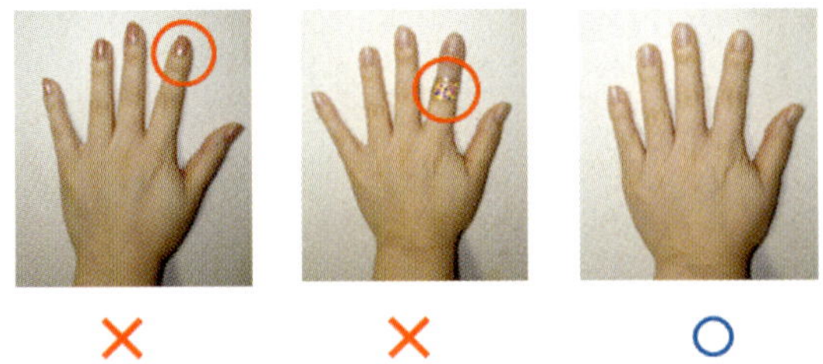

3. 시설 및 설비 위생관리

1) 세척 및 소독 관리

사용한 식기류, 조리기구 및 기기는 작업 후 세척 및 소독해야 한다. 세척은 식기류, 조리기구 및 기기의 표면을 세척제를 사용하여 음식 성분 및 기타 유기 성분을 제거하는 작업이다. 소독은 소독제를 사용하여 식기류, 조리기구 및 기기 표면에 존재하는 세균을 안전한 수준으로 감소시키는 작업이다. 소독의 효과를 확실히 얻기 위해서는 그림 11-7과 같이 작업하도록 한다.

그림 11-7 ▸▸▸ 세척 및 소독 5단계

소독의 방법에는 열탕소독, 건열살균, 화학소독, 자외선소독 등이 있다 표 11-3.

- 열탕소독은 주로 식기나 행주를 소독할 때 사용한다.
- 건열살균은 열소독고를 이용하여 71℃ 이상의 온도에서 2시간 이상 충분히 건조시키는 것으로 식기류 소독에 유용하다.
- 자외선소독은 소독이 필요한 표면에 자외선이 닿도록 하여 소독하는 것으로 주로 컵, 칼, 도마 소독에 유용하다.

표 11-3 | 소독의 종류 및 방법

종류	대상	소독방법
열탕소독	식기, 행주	77℃에서 30초 이상 가열한다.
건열살균	식기	열소독고 안에서 식기 표면온도 71℃ 이상 되도록 보관한다.
화학소독	식기, 칼, 도마	용도에 맞는 기구 등의 살균소독제를 구입하여 용법 및 용량에 맞게 사용한다.
자외선소독	컵, 칼, 도마	자외선이 표면에 닿도록 하여 30~60분 정도 소독한다.

자외선 소독기의 올바른 사용방법

- 컵은 반드시 물기를 제거하고 건조시킨 후 넣는다.
  자외선 살균효과는 습도에 반비례하므로 컵을 반드시 건조시킨 후에 넣어야 한다.
- 컵은 겹치지 않게 넣는다.
  스테인리스 컵이나 플라스틱 컵을 겹쳐서 보관하면 자외선이 투과될 수 없으므로 소독을 위해 겹치지 않게 두어야 한다.
- 살균소독기의 가장자리는 피하고 컵을 넣는다.
  자외선 살균소독기의 가장자리는 소독력이 약하므로 가급적 가장자리는 피한다.
- 컵의 표면이 램프 방향을 향하도록 한다.
  자외선이 닿는 부분이 소독이 되므로 컵을 램프 방향으로 넣어야 한다. 램프가 위쪽에 있는 것은 컵을 세워서, 램프가 아래쪽에 있는 것은 컵을 뒤집어서 놓는다.

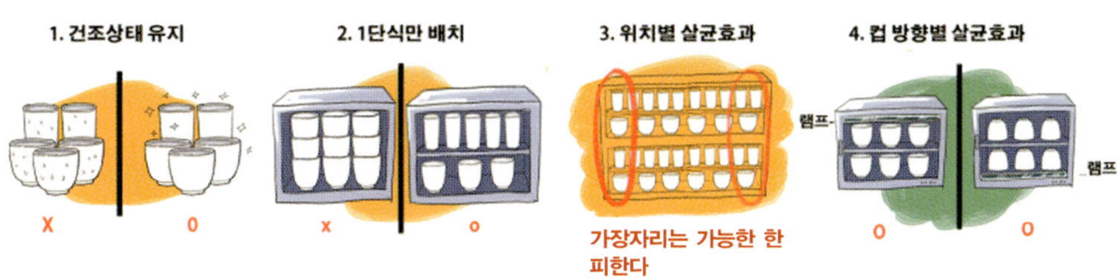

2) 집기류 관리

조리실에서 사용하는 칼, 도마, 장갑, 행주 등의 집기류는 세균이 번식하기 쉬우므로 사용한 후 반드시 세척 후 소독하여 관리해야 한다. 특히 칼과 도마는 교차오염이 되지 않도록 식재료별로 구분하여 사용한다 그림 11-8. 나무도마는 습기가 잘 마르지 않아 세균이 번식하기 쉽고 홈이 파이기 쉬우므로 영유아 급식소에서는 사용하지 않도록 한다. 사용한 집기류는 차아염소산나트륨 같은 살균소독제를 이용하여 살균 소독한다 표 11-4.

그림 11-8 ▸▸▸ 칼 · 도마 용도별 구분 사용 예

표 11-4 | 집기류의 세척 및 소독 방법

집기류	세척 및 소독 방법
칼, 도마	• 사용하는 식재료별로 색을 구분하여 칼과 도마를 사용하며, 나무손잡이 칼과 나무도마는 사용하지 않도록 한다. 예 육류(붉은색), 생선류(파란색), 채소류(녹색) • 칼과 도마는 집단급식소용 살균소독제(예: 차아염소산나트륨 200mg/ℓ 용액)를 사용하여 살균 소독한다.
장갑	• 장갑은 용도별로 색을 구분하여 사용한다. 예 : 빨간색(청소용), 분홍색(전처리용), 미색(조리용) • 사용한 후에는 세척 및 소독하여 소독고 또는 건조대에서 보관한다.
행주	• 작업단계별로 행주를 구분하여 사용하는 것이 좋다. • 사용한 행주는 77℃에서 30초 이상 열탕 소독한 후 청결한 장소에서 건조시킨다.
수세미	• 수세미는 물에서 사용하여 세균 발생의 원인이 될 수 있으므로 사용한 수세미는 77℃에서 30초 이상 열탕 소독한 후 청결한 장소에서 건조시킨다.
쓰레기통	• 조리실에서는 반드시 뚜껑이 있는 쓰레기통을 사용해야 하며 하루 작업이 끝나면 쓰레기통을 비우고 쓰레기통 및 뚜껑을 세척제로 세척 및 소독한다.

4. 영유아 급식소의 위생점검

식중독 등의 사고를 예방하고 위생적인 급식을 제공하기 위해 영유아시설 자체적으로 위생점검을 실시할 필요가 있다. 특히 영양사가 배치되어 있지 않은 100인 미만의 영유아 급식소는 더욱 철저히 자체 위생점검을 실시해야 한다. 급식을 실시하는 어린이집과 유치원에서는 위생관리 점검표 표 11-5 를 토대로 개인위생관리, 단계별 위생관리 등을 매일 점검하도록 한다.

표 11-5 | 위생관리 점검표

항목	그렇다	아니다	비교
개인위생			
1. 주방전용 위생복장(위생복, 모자, 신발)을 청결하게 착용하였는가?			
2. 조리종사자의 건강상태 확인 후 적절한 조치가 되었는가?			
3. 6개월에 1회 건강진단을 실시하고 그 기록을 2년간 보관하는가?			
4. 액세서리 착용이나 매니큐어를 사용하지 않았는가?			
5. 올바른 손씻기, 소독으로 손에 의한 오염이 일어나지 않도록 관리하는가?			
식재료 공급			
6. 유치원 급식 식재료의 품질관리 기준에 적합한 식품을 구입 또는 납품받는가?			
7. 식재료 검수 시 품질과 온도, 제조일 또는 유통기한 등을 확인 및 기록하는가?			
식품 저장(냉장 · 냉동고, 식품보관실)			
8. 냉장, 냉동고 내부의 청소 및 관리가 제대로 되어 있는가?			
9. 냉장 · 냉동고의 적정온도를 확인하는가? 냉장 : 5℃ 이하, 냉동 : −18℃ 이하			
10. 조리, 가공된 식품의 제조일자 표시와 유통기한 관리(조리된 식품의 냉장보관 시 조리일자 표시 포함)을 제대로 하고 있는가?			
11. 유통기한이 경과된 원료 또는 완제품을 조리할 목적으로 보관하거나 이를 음식물의 조리에 사용하지는 않았는가?			
12. 식품보관실 내 물품을 바닥에서 30㎝ 이상 띄워서 보관하는가?			
13. 식품과 소모품은 별도로 구분된 장소에서 보관하거나, 서로 혼합되지 않도록 분리하여 보관하는가?			

식품 취급			
14. 조리된 식품을 맨손으로 취급하지 않는가?			
15. 식품취급 등의 작업은 바닥으로부터 60cm 이상의 높이에서 실시하여 오염을 방지하는가?			
16. 식품을 충분히 가열조리(74℃ 이상) 하는가?			
17. 채소와 과일을 깨끗이 세척하고 소독하는가?			
18. 원료나 조리과정에서 교차오염을 방지하기 위하여 칼과 도마, 고무장갑 등 조리기구 및 용기를 구분하여 사용하는가?			
배식			
19. 배식 시 음식의 적온(찬 음식 10℃ 이하, 더운 음식 67℃ 이상)이 유지되도록 관리되는가?			
20. 배식 시 위생장갑을 사용하며, 위생적인 배식도구를 이용하는가?			
21. 조리한 식품은 1인 분량을 섭씨 18도 이하에서 144시간 보관하는가? (보관기간 중 휴무일이 있는 경우에는 그 기간을 제외)			
22. 세정대 · 조리대 · 작업대 · 배수구 등을 청결하게 관리하는가?			
23. 칼, 도마, 행주를 위생적으로 관리 · 소독하는가?			
쓰레기 처리			
24. 쓰레기통은 뚜껑이 있는 매입식이며 청결하게 관리하는가?			
방충 구서 대책			
25. 벌레나 쥐 등의 침입을 방지하도록 적절한 조치 및 관리가 이루어지는가?			
26. 감염병예방법시행 제16조에 따라 급식시설에 대하여 소독을 실시하고 소독필증을 비치하는가?			
방충 구서 대책			
27. 사용이 끝난 후에 기구를 세척 · 소독하는가?			

출처 : 유치원급식 운영관리지침. 교육과학기술부, 2007

참/고/문/헌

2009 보육실태조사보고서. 보건복지부, 2009

2010년 보육통계. 보건복지부, 2011

2010년도 유치원통계. 교육통계서비스. 교육과학기술부, 2012

2011년도 보육사업안내. 보건복지부, 2012

Wright D. E. Radiclife J. D. 1992. Parents' perception of influence on food behavior development of children attending day care facilities. J. Nutrition Education, 24(4):198-201

내분비계장애물질과 관련이 의심되는 인간 질병 또는 현상에 관한 연구. 정일섭. 식품의약품안전청결과보고서, 2006

노로바이러스 식중독 주의하세요. 식품의약품안전청, 2012

보육시설 급식운영관리 매뉴얼. 보건복지부, 2010

보육시설 영양관리 가이드북. 강남구보육정보센터, 2009

생애주기영양학. 김은경 외 4인. 신광출판사, 2010

생애주기영양학. 이연숙 외 3인. 교문사, 2003

생애주기영양학. 이현옥 외 4인. 교문사, 2011

생활주기영양학. 김은경 외 4인. 신광출판사, 2003

서울대어린이집 무엇을 먹나. 이순형 외 2인. 교문사, 2008

서울시 농수산물 1만 9,419건 안전성 검사 결과 발표. 서울시청, 2012

손 씻는 방법 및 실험결과. 식품의약품안전청, 2009

식단 및 식재료량. 금천구어린이급식관리지원센터, 2012

식생활과 다이어트. 정영진 외. 파워북, 2011

식생활관리. 서정숙 외 4인. 신광출판사, 2010

식중독 발생현황. 식중독통계시스템. 식품의약품안전청, 2011

식품별 식품첨가물 제거법. 대한영양사협회, 2010

식품알레르기 교육 및 급식관리매뉴얼. 대한영양사협회, 2010

아동건강교육. 정효정 외 7인. 파워북, 2010

아동발달. 김수희 · 김지현 · 나용성 · 전대성. 양서원, 2010

아동발달. 박성연 · 도현심. 동문사, 2005
아동발달. 조복희. 교육과학사, 2010
아동발달. 조성연 · 이정희 · 천희영 · 심미경 · 황혜정 · 나종혜. 신정, 2010
아동발달의 이해. 정옥분. 학지사, 2012
아동영양과 건강교육. 송태희 외 5인. 교문사, 2010
아동영양학. 김일옥 외 1인. 공동체, 2008
아동영양학. 전남련 외 7인. 양서원, 2011
아동영양학. 하애화 외 1인. 공동체, 2011
어린이 단체급식 품질개선 연구. 식품의약품안전청, 2007
어린이 삼킴사고 안전실태 조사. 소비자안전본부, 2008
영양교육 및 상담의 실제. 손숙미 외 3인. 라이프사이언스, 2007
영유아 건강검진. 국민건강보험공단, 2008
영유아 단체급식 표준식단. 식품의약품안전청, 2007
영유아 보육시설과 응급실에서의 식품 알레르기 관리 현황. 서원희 외 4인. 소아알레르기 호흡기: 21(1) 32-38. 2011
영유아 영양과 활동. 이종숙 외 6인. 양서원, 2009
영유아건강교육. 허혜경 외 1인. 창지사, 2007
영유아를 위한 건강 및 영양교육. 정미라 외 2인. 양서원, 2008
영유아발달. 곽노의 · 김경철 · 김유미 · 박대근. 양서원, 2010
영유아발달. 김나영 · 이경열 · 정욱호 · 홍계옥. 양서원, 2009
영유아발달. 이영 외 11명. 학지사, 2010
유아 영양교육 실태에 대한 교사의 인식분석. 이기현(2009). 한국영유아교육학회. 유아교육학 논집, 13(3):69-96
유치원 교육과정 해설(Ⅰ, Ⅱ). 교육과학기술부, 2008
유치원급식 운영관리 지침서. 교육과학기술부, 2007
임상영양관리. 장유경 외 5인. 효일, 2011
집단급식소 위생관리 매뉴얼. 식품의약품안전청, 2009
푸드머스 거래명세서 및 검수일지. 풀무원, 2012
학교 급식관리 및 영양교육에 대한 행정담당자 및 영양사의 의식 실태 조사 연구. 김경미, 이심열(2001). 대한영양사협회학술지, 7(2): 129-137
한국 아동발달에 대한 탐색적 연구- 가구의 사회경제적 특성과 사회자본의 영향을 중심으로-. 이봉주 · 김선숙 · 김낭희(2010). 한국아동복지학 31호, 107-141
한국인영양섭취기준. 한국영양학회, 2010
환경호르몬 문제해결을 위한 재료공학 연구 동향. 곽승엽 외 2인. 고분자과학과기술 14(5): 605-614, 2003
환경호르몬 예방 생활수칙. 한국일보(2000.09.05)

찾/아/보/기

ㅈ

ㅊ

ㅋ

| 저자 소개 |

김상희
이화여자대학교 문학박사
현재 공주대학교 유아교육과 교수

김옥선
숙명여자대학교 이학박사
현재 장안대학교 식품영양과 교수

최해연
숙명여자대학교 이학박사
현재 공주대학교 외식상품학과 교수

박수선
숙명여자대학교 가정학박사
현재 서원대학교 사회복지학과 교수

권수연
서울대학교 생활과학박사
현재 금천구 어린이급식관리지원센터 국장

아동영양학

2013년 8월 16일 초판 인쇄
2013년 8월 22일 초판 발행

지은이 | 김상희 · 김옥선 · 최해연 · 박수선 · 권수연

발행인 | 유제구
발행처 | 파워북
주 소 | 서울특별시 마포구 독막로 291-5 대동빌딩 4층
전 화 | (02) 730-1412
FAX | (02) 730-1410
등 록 | 1997. 1. 1 제 300-1997-13
편 집 | 민하디지탈아트(02-3274-1333)

정 가 | 21,000원
ISBN | 978-89-8160-202-4 (93590)

잘못된 책은 바꿔드립니다.